3600人の親子を
カウンセリングしてわかった

心理学的に
正しい
子育て

的場永紋
Eimon Matoba

旬報社

はじめに

私はこれまで、小学校や中学校などの教育現場、小児科や発達診療所などの病院、開業オフィスで、臨床心理士、公認心理師として心理相談をおこなってきました。約15年間で3600人をこえる親子と出会い、さまざまな悩みに耳を傾けてきました。

親御さんの悩みを聴くと、「自分の子育ては正しいのだろうか、間違っていないだろうか」と心配している方が本当に多くいらっしゃいます。

昔に比べて、子育てに関する情報はたくさんあります。だからといって、子育てが楽になるかといえば、そうともいえません。**情報過多であるからこそ、何を取捨選択すればよいのか迷ってしまいます**。

さらに日本では、子は「家庭」で育つものだと考える風潮があり、親は社会から孤立した状態での子育てを強いられているといっても過言ではありません。

「家庭」の重要性ばかりが強調され、親のプレッシャーだけがどんどん強くなってしまう

という悲しい現実があります。

そもそも、子育てにはものすごい労力が必要なだけでなく、多くの子育てスキルも求められます。しかし、**多くの方が、子育ての知識やスキルを学ぶ機会がほとんどない状態で、親になっているのではないでしょうか**。子育てが難易度の高いものになるのも当然だと思います。

私自身も現在進行形で子育てをしている最中で、つくづく「子育ては大変だ」「子育てに心配や悩みはつきものだ」と実感しています。

私の場合、子どもの行動に対して、「どうしてできないの！」「こうすればいいのに」と反射的に口出ししてしまっていました。これは、「間違い指摘反射」と呼ばれるもので、カウンセラーになる上で、相談者に対してしてはいけないことの1つです。

さんざんトレーニングしてきたにもかかわらず、わが子となると、心配や期待から、つい感情的に間違いを指摘してしまっていたわけです。

私から言われて嫌な表情をするわが子を見て、はっと気づき、親としての不甲斐なさに落ち込むことも多々ありました。

その中でなんとかやっていけているのは、何かうまくいっていないときに、それに〝気づく〟ことができるからです。

子育てがうまくいくコツとしてまず大事なのは、うまくいかないやり方をしていることに〝気づく〟ことだと思います。

そして、うまくいかないやり方を手放すことです。うまくいっていないことをやめるだけでも、問題や悩みが解消されることは多くあります。余力があれば、よりうまくいくやり方を試してみればいいのです。

それらの**〝気づき〟や、〝よりうまくいくやり方〟を身につける上で、心理学的な知識やアプローチは非常に役に立ちます**。本書は、私自身の子育てにも役立っているものをまとめています。

「心理学的に正しい子育て」というタイトルは、何だか正しさを押しつけているようで恐縮なのですが、実際、誰にとっても〝絶対に正しい〟子育てがあるわけではありません。「こんなふうにも考えられるのか」「こういう方法もあるんだな」という〝気づき〟をここから1つでも得てもらえればという気持ちで書きました。手に取り読んでくださった方にとって、子育てのちょっとしたヒントになれたらとてもうれしく思います。

的場永紋

目次

Part

コミュニケーションで子どもは変わる

1 子どもが言うことを聞かないのは わがままだからではなく 親の言葉の〝文脈〟のせいです 012

2 親の〝脳のクセ〟が 子どもの自己評価を下げています 思考のパターンを変えましょう 022

3 頑張れる子と頑張れない子 じつは親の言葉と行動が その違いを生んでいる場合があります 032

4 3回続けて同じことを言わない 深呼吸をして「わかりましたね」 叱り方を変えれば子どもは変わります 042

5 「ほめることが苦手です…」思春期の子どもはただ認めてあげるだけでいいのです 050
6 子どものストレスを親が「とらえ直す」ことでストレスに強い子に育ちます 058

Part II 子どものほんとうの能力の伸ばし方

1 子育てと脳には深い関係があります 視覚優位の子は表情豊かに 聴覚優位の子は論理的にほめましょう 072
2 苦手を克服させてあげたい そう思っているのに 親が子どものコンプレックスを強くしてしまうことがあります 084

3
目標が達成できないのは
子どもの性格や能力のせいでは
ありません
「目標設定の仕方」が間違っているのです
094

4
1つ1つを順番にやる子
いくつも並行してやる子
タイプを見極めてあげれば
子どもの集中力はアップします
106

5
自信とは成功体験の積み重ねです
「どうせできないよ」という子に
教えてあげたい5つの方法
116

6
本番に強い子になってほしいなら
親は緊張との上手な付き合い方を教え
そこに至る努力を認めてあげましょう
126

Part III

うちの子の「困った」はこうして解決

1 「うちの子、迷惑をかけてばかり……」子どもの〝問題探し〟ではなく〝例外探し〟をしてあげましょう 136

2 わざと親を困らせる子 その〝本当の理由〟がわかれば問題行動は消えていきます 146

3 うちの子、ひとりぼっちかも？ たとえ心配でも、友だち関係に親は口出しをしてはいけません 154

4 自己中心的でわがままな子 それは「甘やかしすぎたから」ではありません むしろもっと甘えられる環境を 164

5 「うちの子は競争心がなくて…」親が心配しすぎることはむしろ逆効果です 競争心より向上心に目を向けましょう 172

6 「もっと自発的になってほしいのに…」でも、親がアドバイスするのは 子どもの準備が整うまで待つべきです 182

Part Ⅳ これだけは知っておきたい親の心がまえ

1 「うちの子、ちゃんと自立できるか心配…」将来の自立に向けた準備は 10歳頃からはじめるべきです 194

2 「怒ってばかりの自分がイヤ…」怒りと上手に付き合うことは 子育てにプラスに働きます 206

3
ほめても自己肯定感は育ちません
ただ見守り、評価しない環境が
子どもの自己肯定感を高めます
216

4
「いまどきのいじめが心配…」
SOSサインの見つけ方と
親のかかわり方を知っておきましょう
226

5
「子どもが憎い、きらい…」
自分の影(シャドウ)を認めてあげれば
子育てはしんどい作業ではなくなります
238

Part

I

コミュニケーションで子どもは変わる

子どもが言うことを聞かないのは
わがままだからではなく
親の言葉の〝文脈〟のせいです

子どもが言うことを聞かないのは
わがままだからではなく
親の言葉の“文脈”のせいです

「良いこと」を言えば伝わるはず？

子育てで親が困ることの一番は、子どもが言うことを聞いてくれないことに尽きます。「もうゲームはやめなさい」「片づけをしなさい」「宿題はちゃんとやったの」と口を酸っぱくして言っても、子どもは知らんぷり。なぜ言うことを聞いてくれないの、とイライラしてしまいます。

どうして、子どもはこんなに親の言うことを聞かないのでしょうか。

1つは親の側に勘違いがあるのです。それは、「良いことを言えば、立派なことを言えば聞いてくれるはずだ」という思い込みです。あるいは、「耳障りのいいことを言えば、相手は聞いてくれる。理解してくれる」という考え。これも間違いです。

そもそも、言うことを聞いてくれないときは、こちらの言葉が子どもに届いていないときです。

つまり、**相手が親の言葉を受け取ろうとする気持ちがない**のです。そういう相手にいくら良い内容を言ってもムダです。2人のあいだでコミュニケーションがうまく成立していないのですから。

コミュニケーションとはキャッチボールのようなもので、お互いがボールを受け取ろうという気持ちを持たなければ成立しません。子どもの力を伸ばしていこうとしたら、また、子どもをよりよい方向に導いていこうと思ったら、親ができることは、まずは言葉を子どもに受け取ってもらう工夫をすることです。

コミュニケーションは文脈が９割

では、子どもに言葉を受け取ってもらうためには、どうすればいいでしょうか。

それには、コミュニケーションの性質を理解しておくことが役に立ちます。意外に理解されていないのが「**コミュニケーションには内容と文脈がある**」ということです。

内容とは、まさに伝えたいこと、言葉そのものです。

けれど、内容を伝えようとしたとき、その前後にはさまざまな文脈がついてまわります。具体的には、**「いつ、どこで、誰が、誰に、どのように」伝えようとしたか**です。

コミュニケーションの理論では、相手が受け取る情報は、全体の中で内容は10％ぐらいで、文脈が90％ぐらいと考えられています。つまり内容よりも文脈からより多くの情報を受け取っているのです。

ですから、内容がいくら良くても、90％を占める文脈から相手が否定的なメッセージを受け取れば、相手に言葉（内容）は届きません。内容さえ良ければ相手に伝わるはずだと考えるのは、大きな間違いなのです。

文脈を変えれば効果が得られる

また、伝えた内容が同じであっても、「いつ、どこで、誰が、誰に、どのように」という文脈が違うと、伝わり方はまったく違うものになってしまいます。

具体的な例で説明しましょう。

学校から帰宅して、宿題をやらずにゲームばかりをしている子どもがいるとします。このとき、親が子どもに伝えたい内容は「いつまでゲームしているの。勉強しなさい。いつも言っているよね」ということです。

では文脈はどうなるでしょうか。

「いつ」　↓帰宅して時間がたち、宿題をせずに、ゲームしているとき
「どこで」　↓居間で
「誰が」　↓母親が
「誰に」　↓子どもに

「どのように」　↓大声でイライラして感情的に

この文脈で、内容（言葉）が子どもに届いて勉強をはじめれば問題ありません。
しかし、子どもは「うるさいなー、いまやろうとしたところだよ」と言いつつ、ゲームを続け、母親は途中だった夕食の支度に追われ、しばらくして、再び母親が「いつまでやっているの！」と怒鳴ると、子どもは「わかっているよ。うるさい」と繰り返すことになるのではないでしょうか。

母親は次の日、伝える内容を変えたら聞いてもらえるかと思います。それで、「宿題をやらないとダメでしょう。勉強がわからなくなるといけないし、そうなったら将来、大変だよ」という説得の内容を考えます。

でも、内容を変えただけではたいして効果はありません。
この場合、内容よりも文脈を変えることで効果が得られます。

「いつ」　↓子どもがのんびり、リラックスしているとき
「どこで」　↓自宅ではなく、外食先などで
「誰が」　↓母親だけでなく、父親も一緒に
「誰に」　↓きょうだいも一緒に

文脈のバリエーション

いつ・どこで・誰が・どのように
文脈を工夫しながら伝えてみる

いつ

（伝わりやすい時間はいつか）

困った事態が起こったときではないとき、
お互い冷静なとき、相手が話しかけてきたとき

どこで

（伝わりやすい場所はどこか）

居間で、子どもの部屋で、外で［公園、レストラン］

誰が

（誰が伝えると伝わりやすいか）

母親、父親、きょうだい、祖父母、おじおば、
親戚、先生、友人、先輩、あこがれの人

どのように

（どのような伝え方だと伝わりやすいか）

話し方［感情的に叱る、冷静に、淡々と話す］、声の調子［大きさ］、
話す速度、姿勢、立ち位置・目線［上から、下から、平行］、
やり取りの方法［直接言葉で、メール、手紙］

「どのように」→静かに、ゆっくり語りかける

このように文脈を変えてみて、内容が伝わるかどうか試してみます。**伝わらなかったら、再び文脈を変えてみればいい**のです。

これが正しい文脈だというものはありません。あくまでも、相手に合わせたオーダーメイドのコミュニケーションであるべきです。そのため、子どもが言葉を受け取ってくれる文脈をそのつど考えなければなりません。

「イエス・セット（Yes Set）」で言葉を届ける

ふだんとはまったく異なった文脈にする方法としては、「家族会議」もあります。あらためて家族全員で真面目に話すことでさまざまに文脈が変化するので、思っている以上に効果があります。

また、「誰が」「誰に」「どのように」伝えるかの工夫として、**間接的に伝える**方法もあります。

たとえば、母親が「お父さんが最近勉強を頑張っているなってほめてたよ」と伝えたり、母親が父親に「最近、○○が勉強頑張っているんだよ」と子どもに聞こえるような場所で

わざと話すといったことです。

「どのような順番で」言葉を届けるかの工夫のひとつに、「**イエス・セット（Yes Set）**」という方法もあります。

これは、**こちらが言うことに相手がうなずく（肯定する）ように話の流れを持っていく**ものです。

「最近、習いごと一生懸命やっているね」（うん）
「頑張っているじゃないか」（まあね）
「体に気をつけてな」（うん）
「息抜きも大切だからね」（そうだね）
「宿題も早くやってしまいなよ」（うん）

最後に伝える内容が同じでも、これが「ノー・セット（No Set）」で展開するとまったく、反応が違ってしまいます。

「最近、習いごと一生懸命やってないじゃないか」（やってるよ）
「頑張っていないんじゃないか」（そんなことないよ）
「体にも気をつけてないんじゃないか」（そんなことない）

「息抜きばかりしてるなよ」（うるさいな）
「宿題も早くやってしまいなよ」（うるせー）

つまり、**伝えたい内容の前にどういう会話をするかによって、同じ内容でも伝わったり、伝わらなかったりする**のです。「イエス・セット」という方法はかなり有効ですので、試してみてください。

最後に、人は嫌いな相手からの言葉は無視して受け止めようとはしないものです。もし、子どもに言葉が届かない場合は、子どもと良好な関係が築けているかどうか振り返ってみてください。親子関係が悪くなっているときは、子どもに正論をぶつける前に、まずはより良い関係になるための工夫が必要になります。**子どもが興味関心のあることを共有し雑談したり、一緒に遊んで楽んだり、感謝する言葉がけを増やすことなどを通して、関係性は改善されていきます**。信頼関係ができてくれれば、子どもが素直に親の言葉をキャッチしてくれるようになっていくものです。

ポイント

コミュニケーションで子どもは変わる

1

子どもが言うことを聞かないのは
わがままだからではなく
親の言葉の〝文脈〟のせいです

・どんなに良いことを言っても
文脈が悪ければ伝わらない

・伝わらないときは文脈を変えてみる

・「イエス・セット（Yes Set）」はとても有効なスキル

親の〝脳のクセ〟が
子どもの自己評価を下げています
思考のパターンを変えましょう

わが子をありのままに見られない親

自分の子どもについて、正しく評価するのは、なかなか難しいものです。

他人の子どものことはよくわかるのに、自分の子どものことは、ありのままに見ることができずに、見誤るといったことが起きてしまいます。

それはなぜでしょうか。

いまの世の中は子育て、教育に関する情報があふれています。その情報の渦の中で、親御さんたちは右往左往しています。

たとえば、「ほめる子育てが大事」と言われれば、ほめていなければダメだと思ってしまいます。さまざまな子育て情報の「○○したほうがいい」というアドバイスは、逆に「○○できていない親はダメだ」というメッセージとなっているのです。

「これを持っていないと大変ですよ」と、不安を喚起してものを売る典型的な広告手法がありますが、子育てについても同じように不安をあおる論法で語られることが多いようです。「子育てを間違うと子どもがいじめに走ったり、犯罪を犯すようになってしまう」といった具合です。

ただでさえ、子育ては不安なものです。そこにこのような話をされれば、ますます親の不安は高まってしまいます。

さらに、家庭教育の重要性が強調され、親の責任を重視する傾向もみられます。

また、親としての評価が自分自身の評価や生きがいと一体になっている人も少なくありません。そういう人は、「子どものためによいことをする」というより、「親として評価されなければ」という気持ちが強まりがちです。

このように、親の不安やプレッシャー高まってくると、過剰に子どもに期待するようになってしまいます。

そして、自分の子どもに対してよくなってほしいという要求水準が過剰に高くなってしまうのです。誰しも自分の子どもはよくなってほしいと思うものですが、不安やプレッシャーがベースにあるとそれが過剰になってしまいます。

すると目の前の子どもをありのままに見ることができなくなります。常に足りないものを感じたり、ダメな部分ばかりに目がいってしまい、否定的評価につながってしまうのです。

これは、子どもにとって決していいことではありません。親の抱く感情は、直接伝えなくても子どもに伝わってしまいます。

親の"脳のクセ"が
子どもの自己評価を下げています
思考のパターンを変えましょう

親が子どもに否定的な感情を持つと、子どもも「自分は足りないのだ」と自分自身を否定的に見て、自己評価が低くなってしまいます。

しかし、子どもが成長していくためには、自分自身に対する肯定感が必要です。したがって、自己評価が低い子どもは自分を伸ばすのに苦労することになります。

親が子どもを伸ばそうと思えば思うほど、子どもは自分を伸ばすことができないという矛盾した関係が生まれてしまうのです。

学校のテストなどと違って、子育ての正解は1つではありません。

「こうしなければいけない」というような不安やプレッシャーを抱えるのではなく、自分の子どもに合った、より妥当な方法を見つけていくしかないのです。

そのためには、何より自分の子どもをありのままに見て、そのありのままの姿と向き合っていくことが大事です。

脳は「自分の見たいものを見る」

それでは、子どもをありのままに見るためには、具体的にはどうしたらよいのでしょうか。

その方法を考える前に、ものごとを判断、評価する仕組みについて目を向けてみましょう。

人間がものごとを判断、評価するためには、そのための基準を持っていなければなりません。それは思考のパターンとも言い替えられます。子どもを判断、評価する場合であれば、その行動を親の思考のパターンに当てはめて判断、評価するのです。

ただ、やっかいなのが、人間の脳には〝クセ〟があることです。そのため、思考のパターンにも脳のクセが反映されてしまいます。

脳のクセのひとつは**「思い出しやすいものに影響される」**です。したがって、子どもを評価するときも、思い出しやすい最近の出来事や行動、会話から判断しがちになります。

また、脳には**「自分の信念や考えに一致するものを重視する」**というクセもあります。

つまり、**私たちは「自分の見たいものを見て、聞きたいことを聞く」という思考の傾向があるの**です。

ですから、「うちの子どもは出来が悪い」という考えがあると、悪いところ、足りないところばかりが見えてしまいます。

さらには、**「3回以上同じことが繰り返されると、それは〝いつも〟のことだと思ってしまう」**クセもあります。そのため、子どもが3回以上親の期待を裏切る行動をすると「この子はいつもこうだ」「これはこの子の性格だ」などと決めつけてしまいます。

子どもを判断、評価する思考のパターンにはクセがあることを知ってください。自分の子どもを見る際に、自分の考えにバイアス（偏見）がかかっているのではないかと問い返すことが必要です。

とはいえ、人間の脳のクセは簡単には直らないのですから、大事なことは、「この子はこうだ」と決めつけないことです。決めつけずに、常に柔軟に子どもを見ることを心がけてください。

片寄った思考パターンになっていないか

さて、先に述べたように不安やプレッシャーにさらされている現代の親は、子どもを否定的に見がちです。ですから、そうした片寄った思考のパターンがあることをあらかじめ知っていれば、子どもをありのままに見ることに役立ちます。以下がそのパターンです。

1 全か無かの思考（白黒思考）

少しの失敗や例外を認めることなく白黒をつけてしまう。子どもの少しの誤りですべてダメだと思ってしまう。

2 **ネガティブなフィルタリング**

ささいな否定的なところばかりに目がいってしまう。子どもの悪いところが気になり、よい面が見えない。

3 **ダブルスタンダード**

自分にだけ他人より厳しい評価をしてしまう。ほかの子には甘いが、わが子にだけ厳しくなってしまう。

4 **読心術**

相手の気持ちを確認せずに自分はわかっていると勝手に思い込む。子どもの思いや意図を、思い込みで勝手に否定的に解釈してしまう。

5 **個人化**

自分に関係のないことも自分に関連づけてしまう。望ましくないことを何でも子どもや自分のせいだと思ってしまう。

6 **感情的な理由づけ**

そのときの感情の状態から、ものごとを判断してしまう。イライラしていると、こどもの行動が悪く見える。

7 **ネガティブなラベリング**

根拠なくものごとすべてを否定的にとらえてしまう。ほかのことと同様に理由もなく、子どものことをダメだと思ってしまう。

自分が子どもを見て評価、判断するときに、ここで述べたような思考のパターンに陥っていないか、振り返ってみてください。いかがでしょうか。なかなか、否定的なバイアスなしに子どもを見るのは難しいものなのです。

子どもの良いところを毎日3つ探す

逆に子どもを肯定的に見るための具体的な方法もあります。

1つめは、子どもを判断するときに「性格だから」というような抽象的な言葉を使うのではなく「**具体的な行動に目を向ける**」ことです。

「性格」「能力」「才能」といった抽象的な言葉は、思い込みを助長します。そんな言葉に惑わされるのではなく、子どもが具体的に何をしているかをしっかり見ていけば、子どもの良いところが見えてきます。

2つめに「**リフレーミング**」という手法があります。否定的な見方を転じて、肯定的な意味を見つける方法です。

たとえば、消極的→思慮深い、飽きっぽい→流行に敏感、暗い→落ち着いている、意志が弱い→協調性がある、というように、肯定的に意味を転じてとらえてみるのです。子どものことを否定的に感じたら、このリフレーミングを試してみてください。

3つめは、**できて当たり前という考え方を捨てる**ことです。できないものがあるという認識を持つことで、否定的な気持ちが消えます。子どもに対して、これもできるはずだ、あれもできるはずだと思っているとしたら、それは過度な期待です。むしろ、できないものがあって当然と思ったほうがいいのです。

4つめは、**失敗についてどう見るか**です。

失敗する子どもをダメだと思って、叱ってもプラスにはなりません。むしろ、失敗で着目すべきなのは、そこから子どもが何を学んだかです。学んだものがあれば、それについてほめてあげてください。学ぶものが見つからないようなら、一緒に考えてあげましょう。失敗は次の成功へのステップなのですから、決して否定的にとらえる必要はないのです。

最後にぜひ毎日実行してもらいたいことがあります。それは、**毎日子どもの良いところを3つ探す**、というものです。

この「3つの良いところ探し」はやってみると、けっこう難しいものです。毎日なんてとても無理だと思うかもしれません。でも、無理してでも続けていると、子どもを肯定的に見るクセがつきます。それが、とてもいいことなのです。

まとめ

コミュニケーションで子どもは変わる

2

親の〝脳のクセ〟が
子どもの自己評価を下げています
思考のパターンを変えましょう

- 脳にはクセがあることを知っておく
- わが子の否定は子どもの自己評価を下げる
- 肯定するためのテクニックを身につける

頑張れる子と頑張れない子
じつは親の言葉と行動が
その違いを生んでいる場合があります

「やりたくないこと」をやれるか

そもそも「頑張る」とはどういうことなのでしょうか。

誰でも好きなことは頑張れるものです。むしろ、好きなことだと頑張っているという意識もないと思います。

それは「頑張る」ことと「一生懸命やる」ことの違いかもしれません。好きなことを一生懸命やらない子どもはいません。大人には見えていないだけで、子どもは必ず何かに対して好奇心を持って取り組んでいるものです。

親に「こうしてほしい」という期待が大きいと、見えづらくなっているかもしれませんが、子どものあるがままの姿を観察してみると、どの子どもの中にも「一生懸命やる力」が発見できるはずです。

ところが「頑張る」となると、少し話が違ってきます。

なぜなら、**「頑張る」とは、自分がやりたくないことをやる力**なのです。やりたくないことをやらないのであれば、頑張っているとは言いません。

また、「頑張る」とは自分がやりたいことをやらないことでもあります。自分がやりたいことだけをやっていることも、頑張っているとは言いません。

具体的にいえば、学校から帰って、好きなテレビを見たいと思ったときに、そのやりたいことをやらないで、やりたくない宿題をまずやれる子どもは、頑張れる子です。反対にやりたいことであるテレビばかりを見てしまい、やりたくない宿題をやれない子は、頑張れない子です。

簡単にいえば、頑張れる子は自分の欲求に反した行動ができるのに対して、頑張れない子は自分の欲求のままにしか行動できないのです。

耐える力は幼児期に育まれる

この頑張れる子と頑張れない子の違いはどこから生まれるのでしょうか。

それは耐える力（我慢する力）の違いだといえます。自分の欲求に反した行動をするには、耐える力が必要なのです。

これには、**幼児期の我慢の経験が影響**します。

たとえば、「お出かけ中に目にして欲しくなったお菓子やおもちゃを買わずに店を出る経験」「もっと遊びたいけど、寝る時間だからとあきらめる経験」「もっとテレビを見たいけど、約束の時間だからもう終わりにする経験」などを通して育まれていきます。

頑張れる子と頑張れない子
じつは親の言葉と行動が
その違いを生んでいる場合があります

また、したくないけどやってみる経験も大事です。

たとえば、「おもちゃを独り占めしたいけど、ほかの友だちに貸してあげる経験」「ケンカしたあとに謝りたくないけど、先生と一緒に謝って仲直りする経験」「恥ずかしくてみんなの前で発表したくないけど、周囲から励まされてやってみる経験」「苦手な漢字や計算を練習して上達していく経験」などです。

これらの経験が不足し、耐える力がない場合、「やりたいことを一時的にやめられない」「したいことを制止されると、かんしゃくを起こす」「したくないことは何もしない」「苦手なことでもコツコツ努力していくことができない」状態になってしまいます。

つまり、苦手なことや嫌なことに向かって頑張ることができない子どもになるのです。

耐える力は、一時的に生じる不快な感情を自分でうまくコントロールする能力ともいえます。

子どもの耐える力が不足している場合は、日常生活で「やりたいけど、あえてしない経験」と「したくないけど、あえてやってみる経験」を少しずつ積み重ねる必要があるのですが、これは**幼児期にある程度、親の押しつけによって身につけるものであり、すでに小学生になっている子どもに同じようにやってもうまくいきません。**

ではその場合、どうしたらよいのでしょうか？

親から押しつけられた頑張りは身につかない

頑張りには自分から取り組む「自律的な頑張り」と、他人から押しつけられる「他律的な頑張り」があります。

親が子どもに「他律的な頑張り」をいくら求めても、本当の意味での耐える力は身につきません。親が強制的にやらせるのではなく、子ども自らが目的意識を持って取り組めるようになることが大切です。

そこで重要なのが、頑張る先の目標が見えているかどうかです。

いまやりたいことをやめて、したくないけど、あえてする。そのことによって、その先に自分なりのメリットを意識できているかどうか。**長期的な視点で、「何のために我慢して頑張る必要があるのか」を親子で確認し合うことがポイント**です。

子ども自身が自分なりの目的意識を抱くことができ、目標が定まれば、自律的に頑張っていけるようになります。

そして、子どもが我慢して頑張っているときには、親はその苦しみの感情に共感し、励ます。頑張れたときは、その達成の喜びを共有する。そうすることで、嫌なことでも頑張ってやっていく過程を楽しめるように変わっていきます。

頑張れる子と頑張れない子
じつは親の言葉と行動が
その違いを生んでいる場合があります

その際、親ができる最大の貢献は、子どもの邪魔をしないことです。頑張らせようとする親が逆に子どもの頑張りを妨げてしまうことが少なくありません。よくあるのが次のような言動や行為です。

1 **子どもなりの頑張りを認めない**
「頑張りが足りない」「もっと頑張りなさい」とばかり言う。

2 **息抜きや気晴らしを認めない**
「いま頑張らないと将来○○になってしまうよ」と不安をあおり、脅かす。

3 **頑張ったかどうかを、結果だけで決めつける**
悪いときは怒って説教をし、逆に結果が良いときだけ機嫌よく子どもに接する。

このようなかかわり方を親がしてしまうと、子どもは自律的に頑張る気がなくなり、無気力になってしまいます。

頑張る力は、小学生になってからも、日々の小さな積み重ねで身につけていくことができます。**親には子どもを信じて見守る忍耐力が必要**です。

頑張れる子と頑張れない子
じつは親の言葉と行動が
その違いを生んでいる場合があります

自分を抑え込んでいる子の問題

子育て相談では、「もっと子どもに頑張ってほしい」という親御さんの願いを聞くことが多いのですが、一方で、「うちの子はあまり自分の気持ちを話さない。我慢しすぎていないか」「頑張りすぎてストレスを溜めていないか」という相談もあります。

たしかに頑張りすぎてしまう子も心配です。

家でも学校でも、そうした子は、「こうあるべき」という社会的なルールや理想像に敏感であると同時に、「こうしてほしい」という周囲の期待に応えようと過度に自分の欲求を抑え、ストレスを抱え込んでしまいます。

ところが、子どもが頑張りすぎているかどうかは、なかなか外から見分けがつきません。親としては、日頃から子どもの性格を知っているつもりでも、実際にはどう判断していいか迷います。そんなときには、以下のような「頑張りすぎているサイン」がないか注意してみてください。

1　気分が落ち込んでいる様子がある。不安そうな表情を見せ、イライラしている。無気力だったり、集中力が低下している。落ち着きがなく、突然キレて暴れる。

2　頭痛、腹痛、発熱、抜毛、頻尿、チック、円形脱毛などの身体症状がみられる。

3　食欲不振、自発性嘔吐など食行動に異常が出る。

4　爪かみなどのくせが頻繁になる。弱い者いじめや万引きをする。

5　登校渋りや不登校、習いごとに行ったふりをする。ひんぱんに嘘をにつくようになる。不良と遊ぶ。

もし、このようなサインが見られたら、あらためて子どもにとって「いま必要な頑張りは何か」「不必要な頑張りは何か」を検討するべきです。

大人の都合から生じる我慢ばかりになっていないかどうか、子どもにとってのやり甲斐のある頑張りになっているかどうかを再確認するタイミングといえます。

ポイント

コミュニケーションで子どもは変わる

3

頑張れる子と頑張れない子
じつは親の言葉と行動が
その違いを生んでいる場合があります

- 「頑張れる」とは、自分がやりたくないことをやれるかどうか
- 耐える力は幼児期に育まれるが、小学生以降でも身につけられる
- 親が子どもの頑張る力を妨げていないか自己チェックを

3回続けて同じことを言わない
深呼吸をして「わかりましたね」
叱り方を変えれば
子どもは変わります

親の境界線を試す「リミット・テスティング」

「叱る」という行為は、親が子育てにおいてどこに重きを置いているかによって内容が変わってきます。

たとえば、「他人に迷惑をかけないこと」に重きを置いていれば、スーパーで子どもが走りまわったら叱ります。それは、危ない、遊ぶ場所じゃないという理由以外に、他人に迷惑をかけてはいけないという親の価値観が影響しているからです。

何を叱るかは親の価値観によって異なるため、家庭によって「どこまでは許されて、どこからはいけない」という境界線が異なるのです。

親が自分の価値観をしっかり持ち、境界線がしっかりしていれば、子どもはその境界線を学ぶことで社会性を身につけていくことができます。

しかし、親の機嫌次第で怒ったり、些細なことにもガミガミ叱ってしまうと、子どもにとっての境界線が曖昧になります。

境界線が曖昧な場合、子どもはあえて境界線ギリギリの行動をとり、その限界がどこなのかを見極めようとします。

これを「**リミット・テスティング**」といいます。許されるか許されないかの、ギリギリの線の行動をとることで、親の境界線を知ろうとするのです。

たとえば、時間になってもゲームをやめない子どもに、親が「もうやめる時間だよ」と言ったとします。

すると子どもは、「いまやめるよ」と答えますが、やめる気配はありません。そこで親は、今度は強い口調で「いますぐやめなさい」と注意します。

親が時間を守るという価値観をしっかり持っていれば、子どもは親の表情の険しさや口調の強さから「これ以上は許されない」という境界線をさとり、その時点でゲームをやめるでしょう。

しかし、親の価値観や境界線が曖昧な場合、子どもはさらに「あと1分だけ」と言ってゲームを続けるかもしれません。とうとう親は「いつまでやってるの！　いい加減にしなさい！」と、感情的に怒鳴って注意しなければならなくなります。

ルールを徹底しなければ意味がない

子どもを叱るうえで、「ダメ（×）」と「OK（○）」の境界線がはっきりしていることは大切ですが、それだけでは不十分です。

もし、子どもが境界線をこえた場合、**「叱ったあとに子どもの行動に変化が起きているか」を確認することが最も重要なポイント**です。

つまり、親が「ゲームをやめなさい」と言っただけで、子どもは自らの行動を変えずに、ゲームをしたままでいるのであれば意味がありません。

子どもにとっては、親が「言うこと」ではなく、親が「やること」が実際のルールになります。

親が、口では注意するものの、「ゲームをする」という子どもの行動を続けさせていれば、子どもは「親の言うことはきかなくてもいいのだ」と学んでしまいます。もし子どもと「ゲームは1時間だけ」という約束をしたのなら、「1時間以上はやらない」ことを、しっかり守らせないといけないのです。

ゲーム機を取り上げるといった実力行使もときには必要です。また、守れなかった場合の決まりとして「次の日はゲーム禁止」というルールを決めたなら、それを徹底しなければいけません。

子どもにしっかりとした境界線を学ばせるためには、親の「言うこと」に子どもの「やること」をちゃんと一致させる必要があるのです。

3回以上は同じことを言わない

コツをつかんで適切な叱り方をすれば、子どもは叱られたことから「学び」を得られます。

そのコツとは、**叱り方をワンパターンにしないこと**です。

子どものとった行動によって、厳しく叱るのか、軽い注意で済ますのかなど、叱り方に緩急をつけるのはとても有効です。

たとえば、ものを壊してしまった場合は、厳しく叱るよりも、「壊したものをかたづけなさい」と、子どもに責任をとらせる叱り方が向いています。

一方、人を傷つける行動は、軽く「ダメだよ」と注意するのではなく、厳しく叱る必要があります。

このように、子どもの行動によって、叱る度合いを変化させることで、子どもは自分がとった行動がどのくらい悪いことなのかという区別がついていくのです。

また、子どもを叱るときは、**同じことを3回以上は言わない**ことが大切です。同じことを繰り返し言うほど、子どもは親の言葉を聞き流すようになってしまいます。**2回程度は**

3回続けて同じことを言わない
深呼吸をして「わかりましたね」
叱り方を変えれば子どもは変わります

言葉で注意し、それでも効かない場合は、子どもの目を見据えて静かに諭すやり方がとても効きます。

たとえば、「ゲームは約束の時間を過ぎているから、やめなさい」と言葉で注意します。まだやめないときは「さっきも言ったよ。ゲームをやめなさい」と少し強めに注意します。それでも続けている場合は、子どもと同じ目線になって、眉間を見据えて、ゆっくりと3回ほど深呼吸したあとに、「なぜ、お母さんの言うことが聞けないの。そういう子をお母さんは許しません」と淡々と叱ります。

このとき、感情的にならず、ポーカーフェイスで叱るのがコツです。

そして再び、3回ほど深呼吸してから、「わかりましたね」と言います。深呼吸を入れるのは、感情的にならないためだけでなく、間をとることで親の本気度が伝わりやすいからです。

子どもの人格を否定しない

このように、叱り方のバリエーションを増やすことによって、子どもの心の中に、「これは絶対にしてはいけないこと」「これは注意しよう」「こうした失敗には責任を取らなくては」といった〝けじめ〟が生れてくるのです。

気をつけたいのは、子どもの人格自体を否定した叱り方をしないことです。「お前はダメな子だ」「バカだ」「どうしようもない子だ」と言われ続けてしまうと、自尊心を失ってしまいます。

子どもの「人格」ではなく、あくまでも望ましくない「行動」を叱るようにしましょう。

そして、叱ったあとは叱りっぱなしにせず、子どもが謝ってきたり、反省して行動を改めたときは、十分にほめて許すことが大切です。

ポイント

コミュニケーションで子どもは変わる

4

3回続けて同じことを言わない
深呼吸をして「わかりましたね」
叱り方を変えれば子どもは変わります

- 子どもは「どこまでが許されるか」を試している
- ワンパターンの叱り方をしない。緩急をつける
- 3回同じことを言わない。3回深呼吸して諭す

「ほめることが苦手です…」
思春期の子どもは
ただ認めてあげるだけでいいのです

ほめることは評価することではない

子育てにおいて、ほめることの大切さはよく言われます。

子どもは、上手にほめられることによって、やる気を持ち、自信を育むことができます。

ほめられたことをエネルギーにして、より困難な課題に挑戦する意欲もわいてきます。

だからこそ「子どもをほめましょう」となるわけですが、みなさんは果たして上手にほめられているでしょうか？

じつは、「うまくほめることができない」「ほめるところが見つからない」と悩んでいる親御さんはたくさんいます。


そもそも、ほめることの基本は、ほめる側に自然に生じた感謝や喜び、関心を相手に伝えることです。つまり、「ありがとう」「助かったよ」「うれしい」「頑張っているね」と伝えることなのです。

相手を評価することではありません。

「ある基準をクリアしたから」とか「親の期待に応えたから」といった条件つきでは、本当にほめているとはいえないのです。

ほめるのが苦手な人は、しばしば、ほめること=評価することと勘違いしています。だからこそ、「ほめるところが見つからない」と嘆くのです。

ほめることの第一歩は、ほめる側に自然にわき起こる「いいなあ」「うれしい」といった感情に気づくことです。

この気持ちがないのに「さすが」「すごいね」などの「ほめ言葉」を伝えても、子どもは鋭いので、口先だけだと見抜かれてしまいます。

自然にわき起こる感情を見逃さない

そう考えると、ほめ上手な親は自分の気持ちに対して素直で、自分が「いいなあ」「うれしいな」と感じていることに気づく感度が高いといえます。

逆に、苦手な親は、自分の気持ちを抑え、無視しているうちに、自分自身の感動や喜びに気づきにくくなっています。ほめるのが苦手だと感じている人は、まずは自然にわき起こってくる喜怒哀楽を意識するよう心がけてみてください。

また、**相手に対して「いいなあ」という感情が自然にわき起こってくるためには、相手に共感する**必要があります。それには一緒に感情を共有し合う体験が欠かせません。

遊びやスポーツといった楽しめる活動や、子どもが苦戦していることを一緒にやってみ

「ほめることが苦手です…」
思春期の子どもは
ただ認めてあげるだけでいいのです

ることによって共感しやすくなります。すると、おのずと相手の「いいところ」が感じ取れるようになり、「いいなあ」と思う場面が増えてくるはずです。

そうやって感謝の気持ちや喜びを感じ取ったら、次は、それを相手に伝えようとすることが大切です。親しい間柄だととくに、「伝えなくても伝わっている」と思いがちです。

しかし、当たり前のことですが、感情は言葉で伝えなくては伝わりません。

照れくさかったり、苦手意識がある人こそ、思い切って自然とわき起こった「いいなあ」を伝えましょう。

子どもをほめることのねらいは、子どもを「勇気づける」ことにあります。つまり、子どもが直面している課題に、自分の力で向かっていけるようにサポートすることです。

親が子どもに対して「いいなあ」という感情をそのまま伝えることで、子どもは「自分は自分で大丈夫」「いまの自分でＯＫ」という安心感や自己肯定感を育むことができます。

言い換えれば、**ほめることの目的は、良し悪しの結果にかかわらず「子どもを肯定すること」**でもあるのです。

思春期の子は認めるだけでほめる効果

子どものことを子ども自身に教えてもらうのも、ほめ上手になる近道です。

子どもが興味関心を持っていることを、親自身も興味関心を持って聞く。そのことで親の知らなかった子どもの強みが見つけられる場合があります。

また、**思春期に入った子どもは、直接的なほめ言葉だとうまく伝わりづらくなります。本人の考えを聞いて、「あなたはそう考えているんだね」と認めるだけでも十分にほめる効果があります**。

子どもにとっては、話を聞いてもらうこと自体が、自分が認められている、肯定されているというメッセージを受け取ることになるのです。

ほめる効果は大きい一方で、親の都合で子どもをコントロールしようとして「ほめる」ことは、子どもの心に悪影響を与えることがあります。

「親の期待や基準をクリアしたからほめる」「何かをクリアさせるためにほめる」というのでは、子どもは自己肯定感を得ることができません。

クリアしなければほめられず、「自分はＯＫではない」と感じてしまうためです。そのため、「ほめられなくなったらどうしよう」といった不安や、「悪い結果になったらどうしよう」と評価懸念が高まり、より困難な課題に挑戦しなくなってしまいます。悪い評価を受けることを恐れて、失敗を回避しようとするのです。

また、「親からほめられること」が目標になってしまい、そもそも挑戦している目標や、努力して上達していくことの満足感、充実感が二の次になってしまいます。

そうなると、ほめる人の前では頑張る姿をアピールするものの、いなくなると頑張らない、といったことになってしまいます。

自分に厳しくなりすぎないで

ここまで、上手なほめ方について述べてきましたが、相手に対して感謝の気持ちや喜びを感じるには、自分の心に余裕が必要です。余裕がないと自分の感情に対して鈍感になってしまうからです。また、相手の悪いところばかりが見えて、いいところが見えてきません。

ほめるのが苦手な人は、几帳面で完璧主義的な傾向があるため、子どもに過度な期待をし、至らない点ばかりに目がいきがちです。加えて自分にも厳しいため、つい無理をして心の余裕がなくなってしまうのです。

子どもに対して過度な期待をしていないか、その期待が子どもの実態に見合っているか、ぜひ振り返ってみてください。**「やって当たり前」「できて当たり前」ではなく、謙虚さや感謝の気持ちを持つ**ことが大切です

そして自分に対してもときには親の役割をサボり、肩の力を抜いてリラックスする時間を作るようにしてください。忙しい毎日の中で、自分の時間を持つのは難しいことかもしれませんが、自分自身をねぎらい、ほめてあげることで、心のエネルギーが充電されます。そうやってエネルギーが溜まったら、これまで以上に子どもをほめることができるはずです。

ポイント

コミュニケーションで子どもは変わる

5

「ほめることが苦手です…」
思春期の子どもは
ただ認めてあげるだけでいいのです

・ほめることは相手を評価することではない

・自然にわき起こる「いいなあ」を素直に伝える

・子どもへの期待、自分への厳しさが過度になっていないか

子どものストレスを親が「とらえ直す」ことでストレスに強い子に育ちます

勘違いされているストレスの正体

ストレスという言葉はよく使われるのですが、その中身を正確に知っている人は、意外に少ないようです。

まず、ストレスはないほうがいい、ストレスは体に悪いと思っている人が多いのですが、これは間違いです。適度なストレスは健康にプラスになります。

また、**心地よい感情をもたらす、いわゆる善玉のストレス**もあります。

たとえば、何か課題を与えられるとやる気になって、挑戦しようという気持ちが生まれてくるといった具合です。逆にストレスがまったくないと、無気力になって、心身の活動が低下してしまいます。

ストレスはストレスの原因（＝ストレッサー）があって、それに対する心身や行動の反応（＝ストレス反応）があるという仕組みになっています。

そして、ストレスの原因自体には、良いも悪いもありません。ある人にとっては良いストレッサーが、ある人にとっては悪いストレッサーになったりするのです。

それは**ストレスの原因に対する対応の違いによって、ストレス反応も違ってくる**からです。このため、あるストレッサーが人にとっては適正な範囲にあるのに、別の人にとっては適正な範囲をこえてしまっているということが起きます。

ストレッサーへの対応で大事なのは、①それをどうとらえるか、②どのように対処するか、③周囲はどうサポートしているか、という3つです。

逆にいえば、この3つの対応を調整することによって、ストレッサーを自分にとって適正な範囲にとどめることができるのです。

心のエネルギーはいま何点くらい？

ストレスが適正範囲をこえてしまうと、次のようなストレス反応が起きてきます。

〈身体的反応〉頭痛、めまい、腹痛、下痢、微熱
〈心理的反応〉不安、イライラ、落ち込み、悲しみ、無気力
〈行動的反応〉過食、衝動的な行動、不登校、引きこもり

これらを放っておくとストレス関連疾患を引き起こしかねません。

子どもにとって、好ましいストレスを生み出すためには、まずストレッサーそのものに

対する対策が必要です。次に、先ほど説明したストレスへの対応を調整してあげることが大事になります。

順を追って説明していきましょう。

子どものストレスを親が「とらえ直す」ことでストレスに強い子に育ちます

まずは、ストレッサーそのものに対する対策です。

それにはまず、**子ども自身が自分のストレス状況に気づくことが大切**です。子どもが気づいていないときは、親が状況を観察し、子どもと一緒にストレッサーやストレス反応を確認していきます。

その際、「最近、なんだかイライラしているね」「最近、習いごとにあまり行きたがらないね」など、子どもが示すストレス反応について尋ねます。

その後、「学校で何か嫌なことがあった？」「習いごとが嫌になったのかな？」などストレッサーを明確化していく手伝いをしていきます。

「0が心のエネルギーがぜんぜんない状態で、100が満タンだとすると、いまは0〜100の間で何点くらい？」などと数値化して聞くことも、子どもが自分の心身の疲れ（ストレス反応）に対しての自覚を高めることにつながります。

そのうえで、親から見て子どもにあまりにも負担がかかっており、好ましくないストレス反応が見られる場合には、課題や活動の負担を軽くしてあげるなど、**心身の休まる環境**

を整えてあげることが大事です。

生活リズムの乱れや疲労もストレッサーとなるので、規則正しい生活を送れるよう手助けしたり、疲れているときは早めに就寝する、何もしない時間を作る、活動を控えるなど、休憩の大事さや省エネで過ごす方法を教えていくことも大切です。

ストレッサーを冷静に再評価する

次に、子どものストレスへの対応について、親はどのようにサポートしていけばよいでしょうか。

まず大切なのは、**ストレッサーを子ども自身がどうとらえているかを聞くこと**です。たとえば、「テストの点が悪かったよ。ああ、もうダメだ。人生終わりだ」など、親からすれば明らかに大げさにとらえている場面があるなら、「テストの点が悪かったことは（あなたにとって）大変なことなんだね。どうしてそんな大変なことなのか詳しく教えて」などと丁寧に尋ねてあげます。

そして、子どもがテストの点が悪かったという出来事に対して、**①どのぐらい脅威を感じているか、②どんな影響を受けているか、③コントロールの可能性をどう考えているか、**を探っていきます。

子どものストレスを
親が「とらえ直す」ことで
ストレスに強い子に育ちます

（脅威について）「テストの点が悪かったから、パパに怒られるし。友だちにもバカにされるかも」

（影響について）「約束していた誕生日プレゼントも買ってもらえないかもしれないし。ゲームも禁止にされる」

（コントロールの可能性について）「算数できないんだよ。頭悪いから、もう無理なんだよ。どうしようもないんだ」


もしこのようにとらえていたら、テストの結果が悪かったことは、当然ながらストレッサーになります。そこで親としては、それぞれに対して一緒に冷静にとらえ直す再評価の手伝いをします。


（脅威の再評価）「いつも勉強頑張っているのをパパは知っているから、怒らないと思うよ。友だちもバカにしたりするかな？　もしクラスの子が悪い点取ったら、あなたはその子のことをバカにする？　しないよね。それにそれだけであの子はバカだって決めつけないでしょう」

（影響の再評価）「誕生日プレゼントはテストの点と関係ないから大丈夫。もらえるよ。

ゲーム禁止については、やるべき勉強をさぼっていたときだから、今回はどうかな？」（コントロール可能性の再評価）「苦手な算数の課題を後回しにしてあまりやらなかったからね。苦手意識をもたずにしっかりと毎日算数の課題を解いていけば、必ずできていくと思うよ」

また、**子どもがどのように出来事の原因を考えているかを意識して聞いてあげる**ことも大切です。

たとえば、テストの結果が悪く、それに対して「自分が生まれつき能力がないからだ」と子どもが言う場合、原因を永続的で普遍的なもの（＝生まれつき）ととらえているので、自己嫌悪や無気力になりやすくなってしまいます。

親としては「今回は準備が足りなかったね」と一時的で特殊なことだと説明し、「今回の試験問題はすごく難しかったみたいだよ」と原因は自分の内側ではなくて、外側にあると伝えてあげると、失敗を次に活かす方向でとらえることができるようになります。「いつもダメだね」といったような言葉をかけたら、まったくの逆効果です。

対処行動のレパートリーを増やす

子どものストレスを
親が「とらえ直す」ことで
ストレスに強い子に育ちます

子どもが自分自身でストレスに強くなるには、対処のレパートリーを増やすことが重要です。また、**ある対処行動がうまくいかないときに、別の対処行動へと切り替える柔軟さ**も大切です。

対処行動は、大きく分けて次の4つがあります。日頃からわが子がうまく使い分けられているか、ぜひ観察してみてください。

1 問題解決型

情報収集や計画立案、助けを求めるなど、積極的に解決を図ろうとするもので、その子の努力によって解決ができる問題には役立ちます。たとえば、試験や試合が迫っている、友だちとケンカして仲直りしたいなど、**計画を立てて能動的にチャレンジすることで乗り越えていく**ことができます。

ただ、マイナス面として、問題解決型ばかりに頼ると常に問題に直面していくので緊張状態が続いてしまいます。真面目でしっかり者の優等生で、いわゆる「いい子」とされる子どもの場合、なにがなんでも真面目にクリアしないといけないと考えてしまいがちです。その場合、ほかの3つの対処法もうまく用いることが大切です。

2 気晴らし型

気晴らし型は、運動や趣味や楽しみをする、リラックスするなど、ストレスの解消を図ろうとするもので、ストレスが溜まっているときや、たとえいま頑張っても問題の解決が難しい場合に有効です。**気晴らしをすることで、気分転換でき、精神的な緊張から一時的に解放され、あらためて目標に向けてチャレンジしていく力が発揮できます。**

ただし、気晴らし型だけになってしまうと、根本的な問題が解決されない場合があります。気晴らしをしてもスッキリしない場合は、ストレスの原因と向き合って問題解決に当たることが必要です。

3 否認型

否認型は、問題を先送りしたり、あきらめたり、責任転嫁することです。どんなに頑張っても問題の解決が不可能、どうにもならない場合に有効です。

たとえば、大好きだった祖父が亡くなってしまった場合、親友が転校してしまった場合など、自分の努力で問題解決を図ることができないような状況です。このような場合、現実的な問題解決はあきらめ、その悲しみを受け入れていくほかありません。

また、責任感が強くて、何でも自分の責任として受け止めがちな子どもは、慢性的にストレスを抱えがちです。その場合は、**自分の責任としてとらえないこと、責任転嫁するこ**

とも大切になります。

ただし、否認型の対処行動ばかりしていると、自分の努力で変えられることからも目をそらし、先送りしてしまうことで逆にストレスを倍増させる可能性もあります。**「どうせやっても無駄だから」と考えがちな子には、「あなたならできる」というメッセージをたくさん投げかけてあげることが必要です。**問題や悩みが「自分で変えることができることなのか」、あるいは「変えられないことを受け入れていくべきなのか」を一緒に相談に乗ってあげ、問題解決型と否認型をうまく使い分けられるようにサポートしてあげることが大切です。

4 回避型

回避型は、ストレスそのものを回避するもので、心のエネルギーが消耗しているとき、回復させるのに有効です。

疲れがたまっているときや心のエネルギーが少なくなっているときは、無理せずに休むことが必要です。適応障害やうつ病、燃え尽き症候群などになってしまう人の背景には、過剰な頑張り、手が抜けない、適切な休息が取れないなどの要因があります。メンタルヘルス不調を起こさないためには、**適宜、ストレスとなることを回避したり、負担になっていること（課題や日課など）を取り除くことが必要です。**頑張りすぎて疲れぎみの子どもや、すべてをこなさないといけないと考えてしまう完璧主義な子どもには、回避型の対処も身につけておくことが大切です。

ただし、回避型ばかりになってしまうと、問題を解決しないこともあり、また、目標を達成することができないこともあります。とくに、失敗するのが怖い、人にどう思われるか不安だからなど、不安が理由で避けている場合は、避ければ避けるほど、不安が強くなり怖くなってしまいます。その場合は、**問題解決型の対処法を取れるように勇気づけたり、励ましてあげることが必要です。**

子どもが柔軟にこうした4つの対処行動を使い分けているようなら大丈夫です。しかし、そうでないときには親がアドバイスをしながら、うまくストレスと付き合っていけるようにサポートしてあげてください。

ポイント

- ストレスに良し悪しはなく適正範囲をこえているかどうか
- 脅威・影響・コントロールの可能性をとらえなおして再評価する
- 4つの対処行動を使い分けられるようになろう

Part II

子どもの能力のほんとうの伸ばし方

子育てと脳には深い関係があります
視覚優位の子は表情豊かに
聴覚優位の子は論理的にほめましょう

子育てと脳には深い関係があります
視覚優位の子は表情豊かに
聴覚優位の子は論理的にほめましょう

人はそれぞれ別の世界を見ている?

私たちは外の世界を把握するとき、視覚、聴覚、身体感覚(触覚、味覚、嗅覚)という、大きく分けると3つの感覚で情報を得ています。そして、その情報を脳が処理することによって、自分の頭の中で外の世界を再構成しているのです。

しかし、じつは現実にある外の世界と、自分の頭の中で再構成する世界はぴったり同じではありません。

ある人にとっては、外の世界のある部分が強調されて頭に浮かびます。ところが、そのほかの部分にはあまり関心が向かずに、あいまいにしか把握されなかったりします。

また、別のある人にとっては、心地よいものはしっかり目に映るのに、嫌なものには関心も向かず、目がいかなかったりします。

つまり、**人によって外の世界の把握の仕方には違いがある**のです。

そして、この外の世界の把握の仕方には、脳の特性もまた大きく影響しています。

脳の特性とは〝脳のクセ〟のようなものです。脳のクセは、視覚、聴覚、身体感覚(触覚、味覚、嗅覚)と、3つある感覚のどれを優先するかで左右されます。

人によって視覚が優先する人もいれば、聴覚が優先する人、身体感覚が優先する人もいます。また、場合によっては、視覚と聴覚というように、優先するものが2つあってその度合いが違うこともあります。

脳がどの感覚を優先するかによって、その人が再構成する世界は違ってきます。視覚優先の人と聴覚優先の人と身体感覚優先の人では、それぞれ同じ外の世界と接していても、頭の中では違う世界が浮かんでいるのです。

実際、視覚優位な人は映像やイメージが心に残り、聴覚優位の人は音や言葉など聞いたことが強く意識されます。一方、身体感覚優位な人は雰囲気、暖かさなど、身体的なイメージが心に響くのです**（図1）**。

親子でも脳の特性はそれぞれ違う

さて、みなさんのお子さんはどのタイプでしょうか。のちほど、どのタイプか見分ける方法も説明しますが、自分の子どもがどのタイプか知っておくことは、また、自分自身がどのタイプか知っておくことは、子育てにとって必要です。

なぜなら、**タイプが違う親子がそのままコミュニケーションすると、優位感覚の違いによるズレが生じてしまう**からです。同じものを見ても、頭に描いているものが違うのです

図1

視覚・聴覚・身体
それぞれの感覚優位の特徴

[視覚優位タイプ]

- □ 周囲の情報を絶えず見る傾向がある
- □ 頭の中に映像が次々と浮かび上がる
- □ 色や形など視覚的情報を大切にする
- □ 絵で記憶する
- □ 目に見える結果を重視する
- □ 成績の伸びがグラフでわかる、賞品を手渡されるなど結果が目で見えないとやる気がしない

[聴覚優位タイプ]

- □ 言葉として聞いたことを優先する
- □ 言葉を大切にし、論理的である
- □ 聞いて学習することが得意
- □ 言葉で伝えられたことを、そのまま繰り返すことが容易にできる
- □ 音楽を聞いたり電話で話したりすることが好き
- □ 声の調子や音に敏感なため、雑音があると集中できない
- □ 現状分析に優れても、将来のビジョンを描くのは不得意な場合がある

[身体感覚優位タイプ]

- □ 身体全体で受け止める感覚でものごとをとらえていく傾向がある
- □ 書きながらなど、何かをしたり、身体を動かしたりすることでものを覚えるのが得意
- □ 感触や感じに興味を持ち、居心地の良さを大事にする
- □ プロセスを重視し、結果よりも途中の過程を大切にする
- □ 1つのことをじっくり味わうのが好き
- □ 感じやすいことから、傷つきやすく、苦手意識を持ってしまう傾向もある

から、そうした親子は注意が必要なのです。

また、タイプによって、コミュニケーションの仕方にも違いがあります。それを理解してお互いが話すことが重要です（図2）。

さらには面白いことに、視覚優位の人がよく使う言葉、聴覚優位の人がよく使う言葉、身体感覚優位の人がよく使う言葉というものがあります。

よく使う言葉は、そのタイプの人にとって、受け入れやすい言葉です。ですから、**タイプに合わせて、相手がよく使う言葉を用いて話しかける**とコミュニケーションがうまくいきます（図3）。

視覚優位の子には「見通しは明るい」

もう少し、それぞれのタイプに対するコミュニケーションのコツを説明しましょう。

視覚優位の子に対しては、たとえば、「見通しは明るい、暗い」といったように、**色や形など見えやすい言葉**を選んで話します。

また、目で見てわかる表現、図表や映像を見せるようにします。つまり、相手にイメージしてもらえるかがポイントです。

図2

感覚優位タイプごとのコミュニケーションの特徴

[視覚優位タイプ]

- □ テンポが速く早口で話す(頭の中に見えているものを伝えるため)
- □ 話すときに身ぶり手ぶりが多い
- □ 話がポンポンと飛ぶ(頭の中の映像がどんどん切り替わるため)
- □ ただし、言葉を処理するのはやや苦手
- □ 言葉で出される指示を覚えにくい

[聴覚優位タイプ]

- □ 話す早さは普通
- □ 手を耳や口元に置いて話す人が多い(耳や口を重視していることのあらわれ)
- □ ものごとを順序立てて話す
- □ 論理的で言葉を選んで話す

[身体感覚優位タイプ]

- □ 感じながら話すため、話すテンポは遅い
- □ 言葉になるまで時間がかかる場合がある
- □ 動きもゆっくり
- □ 声のトーンは低めで落ち着いている
- □ 身体に触りながら話す(身体を重視していることのあらわれ)
- □ 早口でたくさん話されると、情報の処理が追いつかないことがある

図3

感覚優位タイプごとのよく使う言葉

[視覚優位タイプ]

- □ こう見える
- □ 見えてこない
- □ 明らかな
- □ 見る
- □ わかる
- □ 眺める
- □ 暗い
- □ 明るい
- □ 見守る
- □ 見せる
- □ 輝きに関する擬態語（ピカピカ、キラキラなど）
- □ 色を使った表現（青い空、金色の夜明けなど）
- □ 見た目の表現（輝く、透明、まぶしいなど）

[聴覚優位タイプ]

- □ こう思う
- □ こう考える
- □ 論理的
- □ 静かな
- □ 理解する
- □ 聞く
- □ 言う
- □ 話す
- □ 教える
- □ 説明する
- □ 音に関する擬音語（シーン、ザーザーなど）
- □ 音の大きさを使った表現（大声、静かな、騒がしいなど）
- □ トーンを表す表現（甲高い、低い、波長が合うなど）

[身体感覚優位タイプ]

- □ 感じる
- □ ワクワクする
- □ ドキドキする
- □ 気に入る
- □ 合う
- □ 温度に関する表現（温かい、冷たい、冷えるなど）
- □ 材質に関する擬態語（ふわふわガチガチなど）
- □ 気持ちを表す表現（うれしい、イライラ、不安など）
- □ 味を表す表現（おいしい、苦い、甘いなど）
- □ 匂いを表す表現（甘い香りなど）

子育てと脳には深い関係があります
視覚優位の子は表情豊かに
聴覚優位の子は論理的にほめましょう

子どもの話に省略があるときには、その子が何を見ているかを質問します。たとえば「その人は大きいの？　小さいの？」といった具合に。さらに、質問のときには「～に見える？」「～が見える？」というように「見える」をつけて聞くと効果的です。

聴覚優位の子に対しては、**内容を整理して論理的に話す**ことが必要です。言葉を大切にするので、相手が使っている言葉をキーワードにすると会話がスムーズになります。

声のトーンを相手に合わせるのも有効です。質問のときは「どう思う？」「どう考えている？」というように「思う」「考える」をつけると効果的になります。客観的なデータを示すことも大事です。

身体感覚優位の子へは、**感情表現を会話に入れる**ことです。「ワクワクするね」「ドキドキするね」といったように。

また、テンポが遅いのが特徴ですから、答えが出るまで、ゆっくり待ってあげることが必要です。質問のときには、「どう感じる？」「～はどんな感じ？」というように「感じ」をつけると効果的です。

親が子どもをほめるときにも、子どものタイプによってよく伝わる方法があります。

視覚優位の子は目に見える形のもの（達成表など）を示してほめ、表情豊かに身ぶり手ぶりをつけてあげてください。

聴覚優位の子は、言葉を使って論理だってほめることが必要です。根拠をしっかり示してほめたほうがいいのです。

身体感覚優位の子はスキンシップです。頭をなぜる、肩をたたくということで、ほめられているという実感が伝わります。

脳の特性の違いを学習に取り入れる

もう1つ、この脳の特性の違いは、学習の方法にも影響を与えます。これまでの説明でも少し触れましたが、**タイプによって記憶に残りやすい手法が異なる**のです。

視覚優位の子は、色、形、絵など目から入ってくる情報が強く残ります。ですから、色マーカーを使って、色をわけて印をつけたり、カード帳（単語帳）を使うのが有効です。ほかに図や絵を使って図式化しても頭に入ります。フセンなどを使って大切なポイントを書いて貼って目立たせるという方法もあります。絵や写真などが多い資料集やＤＶＤ教材を使うのもおすすめです。

聴覚優位の子は、耳から入ってくる情報が強く残りますから、ＣＤなどで音声を聞く、自分で音読する、テキストを読んで聞かせるといった方法が有効です。音に集中するだけに静かな環境を作ることも大事です。

身体感覚優位の子は、動き、雰囲気など身体で感じる情報が強く残ります。そのために、書き心地のいいペンを使ったり、座り心地のいいクッションに座るなどの環境作りを意識しましょう。手で何かを転がしながら勉強する、体を動かしながら（歩きながら、寝転びながら）勉強することで、むしろ集中できたりします。

目の動きの方向で脳の特性を判別できる

最後に、相手がどの感覚優位なのか見分ける1つの方法をお教えします（**図4**）。これは**目の動きが脳の働きと結びついている**ことを利用しています。

タイプを知りたい相手がいたら、「昨日の夕食、何を食べた？」と聞いてみてください。目が左上を見る子は視覚的に思い出しています。左横の子は聴覚的に、つまり言葉で思い浮かべています。右下の人は味覚や嗅覚で、つまり身体感覚で思い浮かべています。

図4

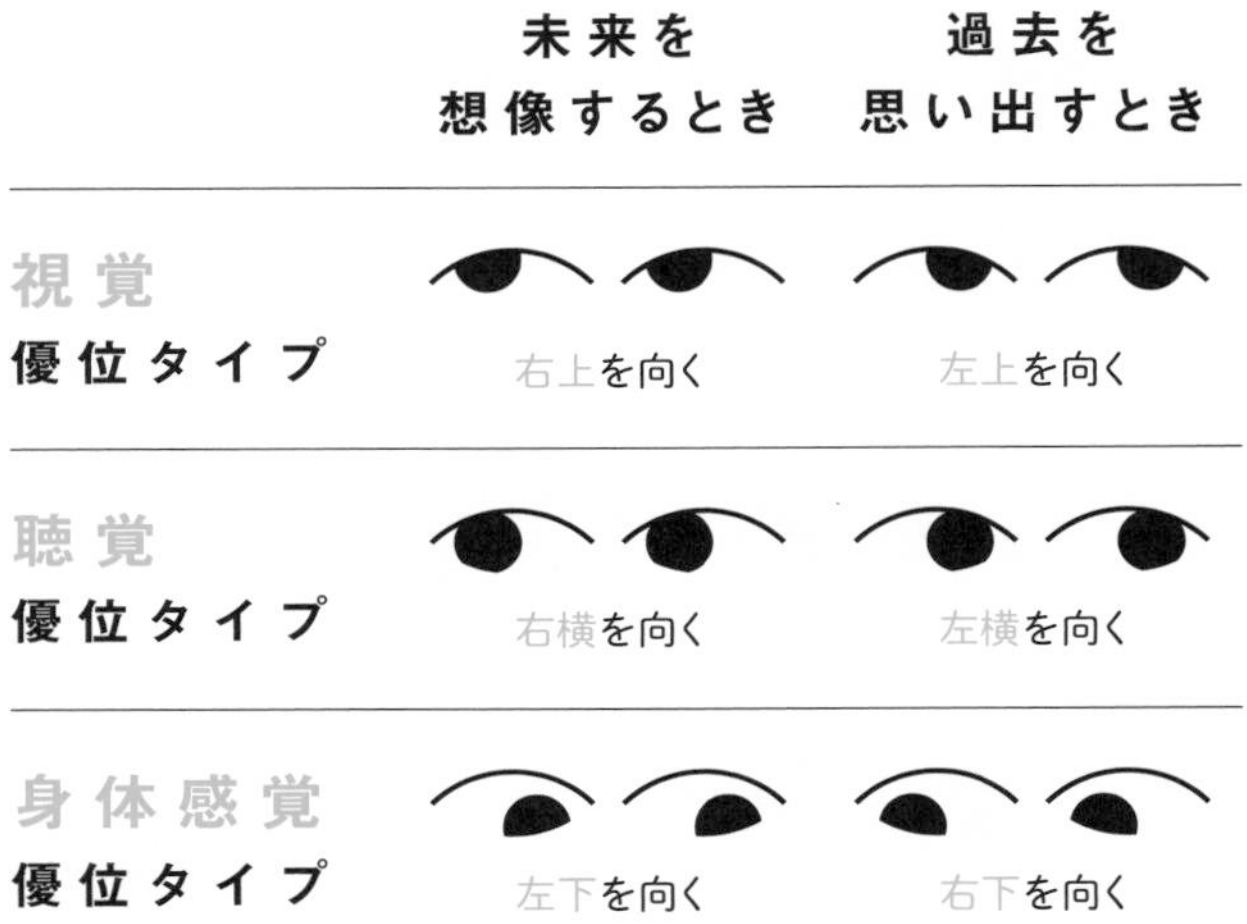

	未来を 想像するとき	過去を 思い出すとき
視覚 **優位タイプ**	右上を向く	左上を向く
聴覚 **優位タイプ**	右横を向く	左横を向く
身体感覚 **優位タイプ**	左下を向く	右下を向く

このように目の動きは脳の働きとリンクしているので、その人の優位な感覚が想像できるのです。

ポイント

子どもの能力のほんとうの伸ばし方

1

子育てと脳には深い関係があります
視覚優位の子は表情豊かに
聴覚優位の子は論理的にほめましょう

- 人間は視覚優位、聴覚優位、身体感覚優位に分かれる
- 親子でもタイプが違えば、接し方を変える必要がある
- それぞれのタイプによって学習方法も変化させる

苦手を克服させてあげたい
そう思っているのに
親が子どものコンプレックスを
強くしてしまうことがあります

苦手を克服させてあげたい　そう思っているのに
親が子どものコンプレックスを
強くしてしまうことがあります

人の成長は苦手と不得意からはじまる

はじめてのことに取り組むとき、最初から上手にできる子もいれば、なかなかうまくできない子もいます。

人によって、どのくらいの練習量でコツをつかみ、上達していけるかは違います。運動面では、なかなか上達しない子でも、勉強面では飲み込みが早かったり、取り組む課題によっても上達スピードは異なります。

苦手なことに直面するとすぐに避けてしまう子は、上達していくスピードの違い、つまり、コツを習得するまでにかかる時間で、自分にとってその課題が得意か苦手かを決めつけてしまいがちです。

周囲の子どもが、自分よりも早く上達する姿を見ると、「自分はこれが苦手なんだな」と意識します。それにより苦手意識を持ってしまうのです。

そもそも、**私たちが成長していく過程は、すべては苦手、不得意からはじまっている**と言えます。はじめて歩こうとしたとき、言葉を話しはじめたとき、文字を書きはじめたときなど、どれも最初はうまくいかず、それでも何度も繰り返していくことで身につけていきます。そのときには、苦手意識は生じていません。「もっと歩きたい」「自分の思いをもっと伝えたい」という気持ちだけです。

しかし、そのうち、まわりの子と比較されたり、評価されるようになり、失敗を怒られたりすることで、苦手意識が芽生えてきます。

さらに、小学校に入学すると、時間内にやれたり、上手にできた場合はほめられて、逆に時間内にやれなかったり、不得意なことはほめられないという評価を受けるようになります。その結果「自分はあの子より下手だな」「あの子のほうが得意だな」と劣等感を抱くようになっていきます。

劣等感とは、自分が少し劣っていると感じることですが、劣等感を抱かない人はいません。誰もがみんな、子ども時代に勉強や運動、コミュニケーションの巧みさ、容姿、持ち物、家庭環境など、ほかの人と自分の何らかの属性を比べて、主観的に「負けた」とか「劣っている」と感じるものです。

劣等コンプレックスと劣等感の違い

他者との比較だけでなく、「いまの自分」と「理想の自分」との差も劣等感を生み出します。

苦手を克服させてあげたい　そう思っているのに
親が子どものコンプレックスを
強くしてしまうことがあります

たとえば、ピアノや水泳を習いはじめたときをイメージするとわかりやすいかもしれません。

子どもは上手に弾けたり、泳げるようになる「理想の自分」を心に抱きますが、最初からできるわけありません。自分が考えていた通りに上手にできない「いまの自分」に、くやしさや戸惑い、あるいは恥ずかしさといったものを抱くでしょう。

心理学においては、これも広義に劣等感としてとらえています。

苦手意識や劣等感は決して悪いものでありません。**苦手意識や劣等感は、「より成長していこう」と思う刺激になる**のです。

むしろ、それを抱くからこそ、目標や理想とする自分に近づこうと努力していくことができます。

しかし、一方で、強い劣等感が心の中に根づいてしまい、少しでもうまくいかないことに対して、すぐに苦手意識を持ってしまうこともあります。

失敗体験ばかりを積み重ね、他者との比較によって低い評価を繰り返されてしまうと、劣等感をプラスの方向にもっていくことができなくなってしまいます。苦手なことや困難なことをすぐにあきらめるようになるのです。

いわゆる「劣等感が強い」子どもです。

これは、繰り返し劣等感を抱くことによって、心の中にしこりのように「劣等感のかたまり」ができてしまった状態です。この状態を「**劣等コンプレックス**」といいます。

「劣等感」と「劣等コンプレックス」は違います。

劣等感の場合は、それをバネに努力に結びつけていくことができます。しかし、劣等コンプレックスになってしまうと、うまくいきそうにない課題、勝ち負けが明らかに出るもの、自信がないことには取り組まなくなります。つまり、逃げてしまうのです。

劣等コンプレックスのある子の口癖は、「そうだけど、○○だからできない」「もし○○だったらできるけど」といった形の言い訳です。

コンプレックスを根づかせてしまう親

また、劣等感を感じたくないがために、常に自分が人よりも優れていると、優位性を示し続けないといられない状態になることもあります。

劣等感と同じく、「優れていたい」という気持ちである「優越感」も誰もが抱くものです。

ただし、それも強くなりすぎてしまうと、「**優越コンプレックス**」と呼ばれる状態になっ

苦手を克服させてあげたい　そう思っているのに
親が子どものコンプレックスを
強くしてしまうことがあります

てしまいます。常にほかの人よりも優れていないといけないと考えてしまうのです。この状態になると、少しでも劣等感を持つのが怖くて、自分がいかに優れているかを人に自慢ばかりして、過剰に自分を演出します。

また、人を自分より劣っているとけなしたり、馬鹿にします。他人を見下すことで、優越感に浸っていないと、劣等感にさいなまれてしまうからです。優越コンプレックスの状態は、劣等コンプレックスの裏返しであるといえます。

まず親として大事なことは、子どもを劣等コンプレックスの状態にさせないことです。劣等コンプレックスを根づかせてしまう親のかかわり方として、次のようなものがあります。

1 **他者との比較で、悪い評価ばかりする**
2 **子どもに対して高すぎる要求水準、子どもの実態にあっていない過度の期待をかける**
3 **子どもの特性・興味関心・好みにあっていない、親の理想を押しつけてしまう**

こうしたかかわり方をしていないかどうか、まず親自身が振り返ってみてください。

ほかに、親自身に強い劣等コンプレックスがあり、それを子どもの成功で補おうとする場合もあります。

たとえば、「自分が大学受験に失敗したから、子どもは良い大学に入れたい」との思いあったとしたら、それは、子ども自身のことを考えてなのか、それとも親自身の劣等コンプレックスを解消したいがためなのかを内省することも必要です。

子どものステイタスで優越感が得られている人は、要注意かもしれません。**子どもを利用して、親の劣等コンプレックスを解消するのではなく、あくまでも親自身が自分の人生で劣等コンプレックスを解消することを目指すべき**です。

劣等コンプレックスにしないための接し方

子どもを劣等コンプレックスにしないために、具体的に親はどう接したらよいのでしょうか。私がすすめているのは次のような方法です。

1 苦手と仲良くなってしまう

まずは子ども自身が苦手意識や劣等感を持っていることを悪いことだ、いけないことだと考えさせないことが大事です。

むしろ、「苦手意識や劣等感があるからこそ、目標に向けてやるべきことをやっていく力になるんだよ」と教えてあげます。

苦手を克服させてあげたい　そう思っているのに
親が子どものコンプレックスを
強くしてしまうことがあります

「完璧でないといけない」「人より劣っていたらダメだ」という価値観が根強いと、なかなか弱い自分、弱点を認めて受け入れることができません。まずは、弱みを持っている自分を認め、苦手を受け入れる。つまり、苦手と仲良くなってしまうよう子どもにうながします。

2 目標を現実的なレベルにする

「夢は大きく。目標は小さく」が原則です。未来を思い描く夢は、現実に縛られずに大きく想像する。それに対して、夢を叶えるための目標は、より小さい、具体的なステップにしていきます。

達成可能な小さな目標をスモールステップでこなしていくことによって、苦手を克服していけます。少しずつでも上達していける実感を持つことがカギです。

3 言い訳を問い返す

「時間があったらできるのに」「もっと頭が良かったらできるのに」「どうせ自分には無理だから」「苦手だから無理」といったさまざまな子どもの言い訳に対して、**「もし○○だったら、何をする?」と問い返してみます。**

「もし時間があったら、何をする?」「もし頭が良かったら、何をする?」「自分にとって無理じゃなかったら、何をする？」「苦手じゃなかったら、何をしている？」と言い換えて問い返すことで、子ども自身が苦手なものについてあらためて考えるきっかけを与えます。

4 関心を幅広く持たせる

人にはそれぞれ個性があり、向き不向きがあるものです。なにがなんでも苦手を克服しないといけないかというと、そんなことはまったくありません。1つのことだけに縛られずに、関心を広く持たせることも重要です。

また、うまくいかないとき、いったんあきらめてほかに注意を向けてみると、知らなかった「自分らしさ」を発見できることがあります。**苦手にとらわれてしまうのではなく、いったん手ばなしてしまうことで新しい自分に出会えます。**

5 判断の軸を増やす

「上手か・下手か」「優れているか・劣っているか」という判断軸だけでものごとを考えていくと、生きづらくなってしまいます。

そんなときは、「好きか・嫌いか」「楽しめるか・つまらないか」「ワクワクするか・退屈か」「喜びを感じられるか・感じないか」といった感覚や感情を軸にものごとを判断してみるようにします。

ポイント

子どもの能力のほんとうの伸ばし方

2

苦手を克服させてあげたい　そう思っているのに
親が子どものコンプレックスを
強くしてしまうことがあります

・苦手意識や劣等感は成長への刺激となる

・子ども劣等コンプレックスにしていないか
親は自己点検を

・1つの関心、1つの判断軸に縛られなくていい

目標が達成できないのは
子どもの性格や能力のせいでは
ありません
「目標設定の仕方」が
間違っているのです

目標が達成できないのは
子どもの性格や能力のせいではありません
「目標設定の仕方」が間違っているのです

目標達成できる子とできない子の違い

目標を決めたら、それに向けて着実に進んで達成できる子もいれば、毎日やるべきことを先延ばしにしたり、途中で挫折して、いっこうに目標に近づかない子もいます。

この違いは子どもの性格や資質によるのでしょうか。

必ずしもそうとはいえません。

心理学にはうまくいくための心理を分析するポジティブ心理学という分野があり、「目標を達成して成功している人とうまくいかない人で何が違うのか」といったことも研究されています。

その研究知見によれば、両者にはいろいろな違いがあるものの、最も大きく異なるのはそもそもの「**目標設定の仕方**」にあることがわかっています。

目標を持つことが大事だとはよく言われますが、ただやみくもに目標を立ててもだめなのです。それ以上に「どのような目標をいかに設定するか」が重要なのです。

これは簡単な目標を立てれば達成しやすく、難しい目標ではうまくいかないというようなことでもありません。最終的に同じ目標でも、その「設定の仕方」によって達成できることもあればできないこともあるのです。

大きな目標に向け小さな目標を設定

目標をうまく設定するために、まず知っておかなければいけないのは、**目標には「レベルの違い」がある**ことです。

たとえば、「幸せに楽しく生きる」といった抽象的なものから、「1日1ページ学習プリントをやる」といった、より具体的で小さなものまで、幅広い目標があります。

また、「将来、科学者になる」は具体的ではありますが、子どもにはまだ遠い先の目標です。一方、「来年、志望校に合格する」はもう少し近い未来の目標です。

このように、目標のレベルとは、掲げた目標が抽象的か具体的か、実現が遠い未来なのか近い未来なのかで変わってきます。大きな目標であれば抽象的で遠い未来の目標になり、小さな目標であれば具体的で近い未来の目標になります。

レベルが上位にある大きな目標を達成するためには、それを達成するために必要な事柄をその下位の目標として設定する必要があります。目標を小さくして段階的に設定するのです。

目標が達成できないのは
子どもの性格や能力のせいではありません
「目標設定の仕方」が間違っているのです

このとき、目標をピラミッド型に描いていくと全体を把握しやすくなります。ピラミッドの下に向かって目標を設定していくためには、「その目標を達成するためには何をすればいいか」を問うことで見つけられます。

一方、ピラミッドの上に向かって目標を設定していくためには、「なぜその目標を達成したいのか」を問うことで見つけられます。

たとえば、「志望校に合格する」という目標で考えてみましょう。

「合格するためには何をすればいいか」と考えることによって、その目標よりも下位の小さな目標を見つけていきます。「学力を上げる」「規則正しい生活習慣を身につける」「面談での自己アピール力を上げる」などがありそうですが、そのほかにもいろいろと考えられると思います。

そして、さらにそれぞれの目標の下位の目標を決めていきます。「学力を上げる」であれば、「苦手な国語の点数を上げる」。そのためには「読解力を上げる」。そのために「問題集を1日1ページやる」「本を1カ月に1冊以上読む」など、どんどん下位レベルの目標を決めていきます。

「規則正しい生活習慣を身につける」の下位には、「睡眠リズムを一定にする」「1週間のスケジュール管理」などが考えられます。そして、「睡眠リズムを一定にする」ためには

「7時に起床する」「10時に就寝する」などの下位目標を決められます。

最も下位に位置する目標は、毎日こなしていく日課です。

具体的に「いつ」「どこで」「何を」するのか。さらに結果が目に見える形でわかる行動目標を設定することによって、先延ばしを防止することができます。

また、目標設定は子どもと一緒に考え、子ども自身が考え出したものも組み入れることによって自発性が高まり、自ら進んでやるようになります。

一方、下位の行動目標だけに注目していると、やる気が低下してしまうことがあります。その場合は、「志望校に合格」のさらに上の目標を意識することが、再びやる気を高めることに有効です。

「なぜ志望校に合格したいのか」と問うことで、その先の望むべき目標が見えてくるはずです。親子一緒に「志望校に合格したい理由」を考えてみてください。それぞれの答えが出てくるはずです。

証明型タイプと習得型タイプの違い

目標には「レベル」の違いとは別に「タイプ」の違いもあり、タイプは大きく分けて「証

ピラミッド型の目標レベル

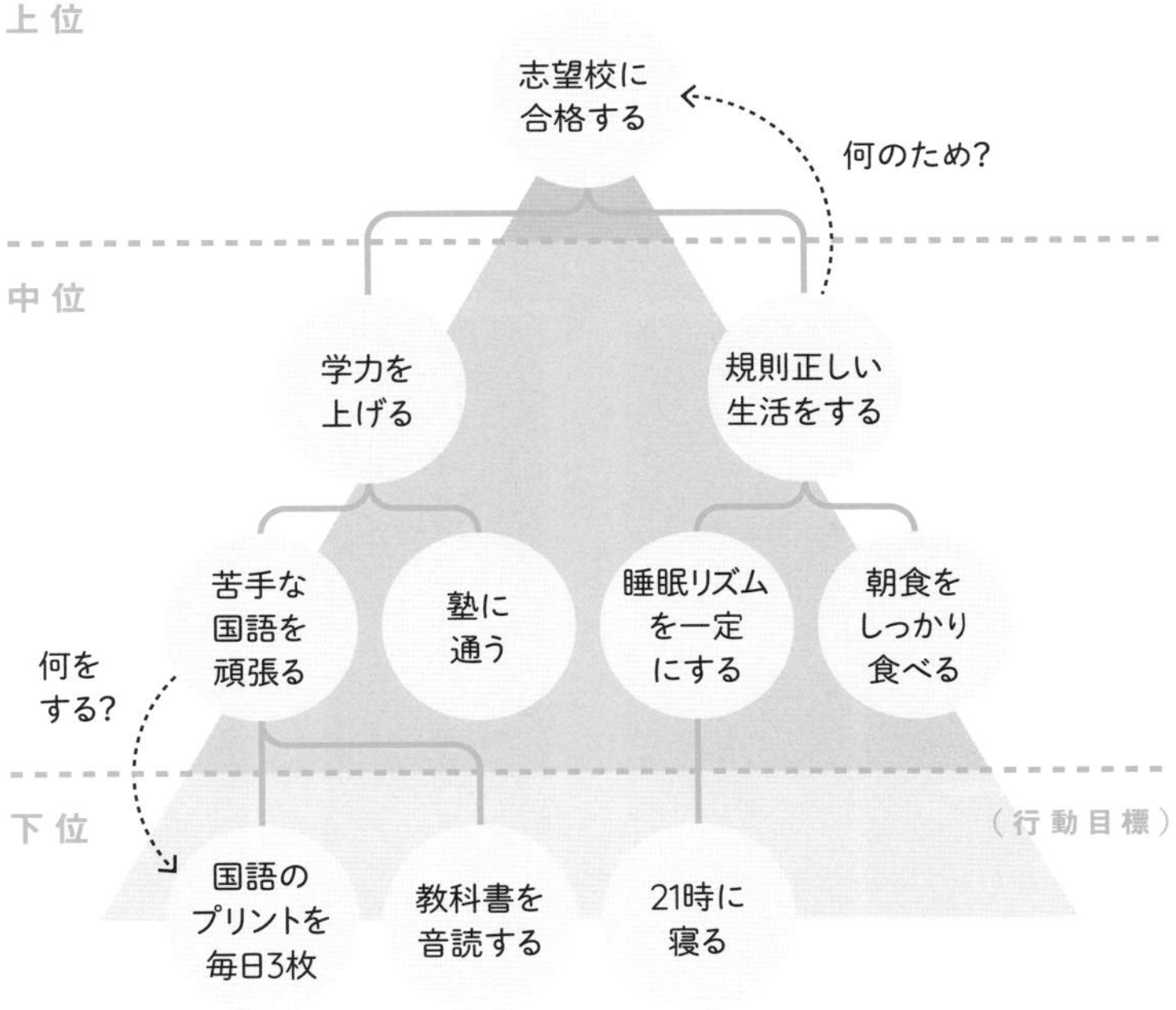

明型」と「**習得型**」があります。

「証明型」の目標とは、自分の能力や成果を周囲に示したり、他者よりも良い成績や成果をあげることを重視します。「試験で1番をとる」「大会で優勝する」など、具体的な結果と結びつけられ、周囲から自分の頭の良さや能力が認められることを第一とします。他者からの承認欲求に根ざした目標ともいえ、目に見える成果を出すことに労力が注がれます。

一方、「習得型」の目標は、自分の能力を伸ばすことや技能の習得を重視します。能力や技能を高めることで自分を成長させたいという成長欲求に根ざした目標です。

他者との比較ではなく、自分がどれだけ成長したか、進歩したかに注目します。そのため、短期的な成果よりも、より長期的な視点から見た結果を重視した目標といえます。

どちらの目標タイプが優れているというのではなく、それぞれメリットとデメリットがあります。

「証明型」の目標は、達成した際に大きな見返り（他者からの称賛）が期待できるため、やる気を高める効果があります。とりわけ、目標の達成に向かって順調に進んでいるときには周囲からの称賛で自尊心が満たされるため、ますます力を発揮します。

しかし、失敗したときや順調に進まない状況になったときは自尊心が傷つき、落ち込みやすく、簡単にあきらめてしまう傾向があります。うまくいっているときは高いパフォー

目標が達成できないのは
子どもの性格や能力のせいではありません
「目標設定の仕方」が間違っているのです

マンスを発揮するのですが、挫折したときにパフォーマンスが低下しやすいのです。

一方、「習得型」の目標は、証明型のような成果の出し方は難しいかもしれませんが、壁にぶつかっても落ち込むことが少なく、むしろ、それを成長のチャンスととらえることができます。壁を乗り越えるための行動を取りやすいともいえるでしょう。

目標が比較的簡単に達成できそうな場合は、他者からの賞賛や競争で勝つことを意識した「証明型」の目標が向いており、高いパフォーマンスが得られ、やる気もアップさせることができます。

一方、**そもそも目標が難しかったり、不慣れな事柄である場合、あるいは何度も壁にぶつかる可能性がある場合は、「習得型」のタイプを掲げた方が有効です。**目標が困難で達成の見込みが低くても、自分の中での成長に焦点を当てることで、粘り強くやり抜くことができます。その結果、目標達成の可能性も高まります。

マインドセットが目標設定を左右する

さらに知って欲しいのは、知的能力、運動能力、創造力といった人間の持つ能力に関してその人がどのような信念を持っているかが目標設定に影響する点です。

私たちはふだんあまり意識していないのですが、どんな人でも自分に対して、「さまざまな能力は伸ばすことができない」あるいは「伸ばすことができる」という信念を持っており、それを「**マインドセット**」といいます。

マインドセットは、「自分の能力は生まれ持った才能で決まり、固定的なものだ」という「固定的なマインドセット」と、「努力によって伸ばすことができる」という「成長志向のマインドセット」に分かれます。

どちらを持っているかによって目標設定が異なり、さらに目標達成にのぞむ姿勢も異なってきます。

「固定的なマインドセット」の場合は、努力しても能力は変わらないと考えるため、努力よりも自分が達成した結果を重視します。

そのため、「証明型」の目標を設定しやすく、その結果が自分の能力の証明になります。うまく成果がでないときや失敗したときは、「自分は能力がない人間だ」と考え、挫折しやすくなります。あきらめが早く、失敗を恐れるようになります。

一方、「成長志向のマインドセット」の場合は、努力して自分の能力を高めることに重きを置くため、「習得型」の目標を掲げやすく、高い目標を掲げて挑戦していくことができます。

目標が達成できないのは
子どもの性格や能力のせいではありません
「目標設定の仕方」が間違っているのです

親がどのようなマインドセットを持ち、子どもにかかわっているかが、子ども自身のマインドセットに大きく影響します。

親が子どもの成果だけに注目し、結果だけをほめたり、「あなたは才能があるよ」と伝えることは、子どもの「固定的なマインドセット」を強めます。

逆に、子どもの努力した過程に注目して、本人の伸びしろをほめると、子どもの「成長志向のマインドセット」が育まれていきます。

困難な目標には成長志向のマインドセットで

マインドセットは変えることができます。**困難な目標を目指す場合は、親子ともに「成長志向のマインドセット」になって、「習得型」の目標で挑戦していくほうがいい**のです。

先にあげた「志望校に合格する」のさらに上位の目標を考えるときなどは、親としては、子どもが「できなかったことができるようになることに喜びを感じたい」「知らないことをもっと学びたい」「いまの自分よりも賢くなりたい」などの「習得型」の目標を上位の目標として掲げられるように導いてあげてください。そうすれば、その先により高い目標を掲げていくことができるようになります。

知的好奇心が強い子や、勉強好きな子、将来やりたいことがある子の場合には、容易に上位の「習得型」の目標が見つけられるでしょう。

しかし、勉強があまり好きではない子の場合には、見つけにくいかもしれません。

その場合には、入学したあとに、「自分がどのような生活をしているのか」「どのような良いことが起きるのか」「いかに自分が成長していけるのか」といった、望ましい未来のイメージを抱けるような対話をすることが役に立ちます。


最上位にある頂点の目標は、「困っている人の手助けをしたい」「世の中を良くしたい」「人から認められる人物になる」「自分のやりたいことを極める」「家庭を築き幸せになる」「のんびり平穏に暮らしたい」など、人それぞれ異なった自分の願望や価値観、生きがいなどを表現したものになります。

それは、到達するゴールというよりも、自分が人生で歩んでいく方向性を示す羅針盤になります。人によって中位に位置づけられる目標が4つ、5つ…と増えて、ピラミッドが高くなっていくでしょう。

頂点にある目標を自覚できる年齢も、人それぞれだと思います。頂点とはいかなくても、より上位の目標を意識することで、目的意識が高まり、いまなすべき目標に対してより強く立ち向かえるようになります。

ポイント

子どもの
能力の
ほんとうの
伸ばし方

3

目標が達成できないのは
子どもの性格や能力のせいではありません
「目標設定の仕方」が間違っているのです

- 目標達成には「目標設定の仕方」が重要
- 上位目標と下位目標のピラミッドを考える
- 成長志向のマインドセットのほうが困難に打ち勝てる

1つ1つを順番にやる子 いくつも並行してやる子 タイプを見極めてあげれば 子どもの集中力はアップします

1つ1つを順番にやる子　いくつも並行してやる子
タイプを見極めてあげれば
子どもの集中力はアップします

集中するための「しぼり込み」と「閉め出し」

子どもに「もっと集中力を持ってほしい」「もっと集中して勉強してほしい」と願っている親御さんも多いことでしょう。

そもそも「集中している」とはどういう状態でしょうか。

机に向かって、一生懸命に課題に取り組んでいる姿を見ると、「集中して勉強している」と安心するでしょうか。また、すぐほかのことに注意がそれてしまい、持続的に課題に取り組めない状態は「注意散漫で集中力が足りない」と判断するでしょうか。

「集中力」とは、日常的に使われている言葉で、使い勝手がいい分、とても曖昧でもあります。そこで、あらためて、「集中する」とはどのようなことなのか考えてみます。

そもそも、集中するには、「ある対象や課題に注意を持続的に向けること」が必要です。対象が1つだけであれば、持続的に注意を向けやすくなります。

一方、対象が2つ、3つと増えていけばいくほど集中を維持することが難しくなります。つまり、集中するためには、注意を向ける対象をしぼり込む（フォーカスする）必要があるのです。そして、しぼり込むには、外からの刺激を閉め出す（シャットアウトする）必要があります。

この「しぼり込み（フォーカス）」と「閉め出し（シャットアウト）」を半ば自動的にしてくれるのが、脳機能の1つである「注意」の働きです。

たとえば、さまざまな雑音があるカフェでも、2人で会話が成り立つのは、相手の声に注意を向けることで、その声を聞き取る感度を高め、一方で、ほかの雑音は聞こえないようシャットアウトできるからです。

一般的に集中しているイメージは、おそらく一点に注意が向いていて、ほかの刺激を一切シャットアウトしている状態です。そのため、声をかけてもなかなか気づきません。このような状態を「過集中」といいます。ついつい、時間を忘れてハマってしまっている状態です。

1つのことに集中しているため、作業自体は細部にわたって注意が向けられ、丁寧に、そして効率よくこなすことができます。

ただし、1つのことに集中し過ぎるあまり、ほかに注意が向かずにミスをすることもあります。適切な切り替えができません。

逆に、注意散漫な状態は、しぼり込みができずに、ほかの刺激をシャットアウトできていません。これは「低集中」と呼び、過集中の逆です。

「低集中」は一見すると集中していないように見えるかもしれません。しかし、ある程度、低集中の状態になることで、まわりにも注意を向けることができ、1つだけでなく複数の事柄をすすめることができます。

1つ1つを順番にやる子　いくつも並行してやる子
タイプを見極めてあげれば
子どもの集中力はアップします

子どものタイプによって集中の仕方は違う

私たちはこのような「注意」の働きによって、情報を脳に入力しています。そして、入力された情報を処理することで、ものごとを理解し、行動に移すことができます。この頭の中で行われる情報処理には2つのやり方があります。

1つは「継次（けいじ）処理」と呼び、1つ1つ順番通りにこなしていく方法です。最初に「○○して」、それが終わったら次に「△△して」、そして3番目には「□□して」と、1つずつ連続的に処理していきます。

もう1つは「同時処理」です。これは複数を同時にこなしていく処理の仕方です。話を聞きながらメモをするなど、「○○しながら△△する」といった2つの事柄を同時並行で処理していきます。

私たちは、この2つの情報処理の方法をバランスよく使うことで、日常生活を円滑に送り、効率的に問題解決をすることができます。

ただし、人によって「継次処理」が得意だったり「同時処理」が得意だったりします。そして、どちらが得意かによって集中の仕方も異なってくるのです。

継次処理優位タイプの子どもは、全体よりも部分（一箇所）に注意が向きやすく、そのため一点に集中することが得意です。

一方、同時に複数の作業が求められる課題は苦手で集中できません。集中力を発揮させるためには、**1つ1つ順番にこなすのが得意という特長を活かして、やるべきことの手順を示す**ようにします。

また、継次処理優位タイプは、段階をふまえた学習は着実にこなすことができますが、過集中によってほかの事柄に対して不注意が起きやすく、1つのことにこだわりすぎて全体像を見失いやすい面があります。

目の前に注意が向きすぎて先の目標を見失なったり、最終的には計画倒れになってしまうこともあるため、常にいま自分が全体のどこにいるのかを確認する作業が必要です。

好きな教科や単元だけに偏って勉強してしまいがちなので、全体をふまえた時間配分を考え、スケジュールを立てることも大切です。

同時処理優位タイプの子どもは、継次処理優位タイプの逆です。

1つ1つを順番にやる子　いくつも並行してやる子
タイプを見極めてあげれば
子どもの集中力はアップします

全体に注意を向け、同時に複数の作業をこなすことができます。つまり要領がいいのです。一方、部分に注意を向けることが苦手であり、1つ1つの作業が雑になりがちです。また、1つ1つ順番に作業をこなすだけの課題だと飽きやすくなります。

そのため、1つの作業を短い時間に区切って設定することが有効です。**同じ1つの作業に長く集中するのではなく、短く集中し、適切なタイミングで次に移るようにすれば集中力を発揮できます**。

その子が飽きずに集中できる時間（たとえば20〜45分くらい）で区切って、教科や学習の内容・方法を変えることが有効です。

このタイプの子どもは単純な反復学習が苦手であるため、学習内容が定着しづらいのも特徴です。そのためコツコツやっている学習の結果や上達具合を、グラフ化や点数化するなどして目で見える形にしてあげることが有効です。

さらに低集中になりやすいため、外からの刺激に邪魔されない環境のほうが集中しやすくなります。

このように、集中力を高める方法は子どものタイプによって異なります。集中力がないと決めつけるのではなく、親はそれぞれの子どもに応じた集中力の発揮しやすさを見つけてあげることが重要です。

わが子はどっち？
2つの集中力タイプ

継次処理タイプ

特長

- □ 1つ1つ順番にこなす
- □ 時系列にそった理解が得意

伸ばすコツ

- □ 全体像や目標を意識させる
- □ 1つ1つの手順がわかる全体の見取り図を用意
- □ 過集中になりすぎないように切り替えをする

同時処理タイプ

特長

- □ 同時に複数の作業をこなせる
- □ 全体をイメージとしてとらえるのが得意

伸ばすコツ

- □ 短く集中し、次の課題に移るようにする
- □ 細かい部分にも注意を向けるよう意識させる
- □ 低集中にならないよう環境を整える

1つ1つを順番にやる子　いくつも並行してやる子
タイプを見極めてあげれば
子どもの集中力はアップします

集中力を高めるために大事なこと

なお、どちらのタイプにも共通する、集中力を高めるポイントは次のとおりです。

1
集中力を低下させる最も大きな要因は、疲労と睡眠不足です。**休息をうまく取り入れること、しっかりと睡眠時間を確保すること**がとても重要です。

2
好きなことや興味関心があることには誰しも自然と集中できるものです。そういう意味では集中力がない子どもはいません。

ですから、いかに「楽しい」と感じられるかが肝心です。取り組まなくてはならない課題があれば、その魅力を見つける作業を親子で行ってみましょう。それを発見できれば、おのずと集中して取り組めるはずです。

3
課題の魅力をどうしても見つけられないのならば、一度、つまらないという考えを脇に置いて、**自分を騙すつもりで、好きになってみるフリをする**のも効果的です。

「楽しいなあ」と心から思うフリをすると、脳はだまされて、喜びを感じるときに放出されるドーパミンを出します。最初はフリであっても、徐々に課題に取り組んでいるあいだに、本当の楽しさや達成感が得られるようになります。

4
集中して取り組むことを習慣化することも大切です。習慣にするために、決まった時間、同じ場所、同じパターン（手順）を繰り返すのです。その際、**集中するための自分なりの儀式**を行います。

たとえば「集中するぞ」「やるぞ！」と心の中でつぶやく、深呼吸をする、首や肩を回す、背伸びをする、自分が目標を達成しているイメージをするなど、ルーチンを決めると集中モードに入りやすくなります。

ポイント

子どもの
能力の
ほんとうの
伸ばし方

4

1つ1つを順番にやる子　いくつも並行してやる子
タイプを見極めてあげれば
子どもの集中力はアップします

- 集中力のない子どもはいない。集中のタイプが違う
- わが子が継次処理と同時処理のどちらが得意かを見極める
- 休憩や睡眠時間の確保が大切。脳を騙すのも効果的

子どもの能力の
ほんとうの
伸ばし方

5

自信とは成功体験の積み重ねです「どうせできないよ」という子に教えてあげたい5つの方法

「自信を持ちなさい」が自信を奪う？

望ましい成果を得るためには、目標を掲げて、それを達成するための計画を立てることが必要です。

でも、計画通りに行動して、成果を手に入れる子もいれば、計画倒れになってしまう子もいます。その違いはどこから来るのでしょうか。

目標設定の仕方や計画の立案の問題もありますが、もう1つの大きな違いは、「自分ならできる！」「自分ならこなせるぞ！」という自信の有無です。

大きな目標や夢があっても、「どうせ自分には達成できない」「努力するのは無理だ」という思い込みが強くあれば、目標に向かって前に進めません。

では、どのようにすれば自信を持つことができるのでしょうか。

子どもが挑戦するのに尻込みしていたり、弱音を吐いている姿をみると、つい「もっと自信を持ちなさい！」「やればできるから大丈夫！」と励ましたくなってしまいます。

しかし、自信を失っている子に対して「自信を持って」と直接伝えることは、逆に自信を失わせてしまうことになります。

なぜなら、「自信を持って」と励ますことは「あなたは自信がない。それがいけないのだ」というメッセージ伝えることでもあるからです。そのメッセージにより、自信のない子はますます自分はダメだと思ってしまいます。

矛盾しているように聞こえるかもしれませんが、**自信を育むためには、まず「自信がなくても大丈夫」と思えることが大切**です。

自信がない状態にある子どもほど自信に対するこだわりが強くて、「自分は自信がないから○○できない」「自信があると感じないといけないんだ」と誤解しています。

親御さんのほうも自信にこだわって、「子どもに自信がないのは、育て方が悪かったからでしょうか?」と悩んでいます。

しかし、育て方の問題は、多くの場合、関係ありません。それよりも、これまでに試みた行動が結果に結びついていないことのマイナスが大きいのです。

つまり、成功体験よりも失敗体験を積み重ねて自信を失ってしまうのです。

とにかく成功体験を積み重ねる

自信をつける方法というのは、じつは単純です。とにかく成功体験を積み重ねていくことです。それによって間違いなく自信が身についていきます。

成功体験とは、「いまはできないこと、苦手なこと」が努力（練習）の結果、「うまくできるようになる、上達すること」です。

自分で掲げた「こうなりたい」という目標に対して、「自分で決めた」努力をして、その結果、達成できたことが重要です。すでにできていることをただこなしても、成功体験として自信につながることはありません。

こうした成功体験を得るためには、次の5つが必要になります。

1 スモールステップを設定する

まずは、自分がステップアップしているのを実感することが必要です。そのためには、スモールステップを設定することが大事になります。**目標に向けて小さなステップを作り、それを繰り返し達成していくことで、成功の実感を得る**のです。

いきなりハードルの高い目標を設定して、その達成だけを意識してしまうと、うまくいかなくて失敗体験になってしまいます。

もし、子どもが大きな目標だけ掲げている場合は、達成するためのステップを作るようにサポートを。まずは「できた！」と実感できる小さなステップを作るようにします。

2 **成果が具体的にわかるように**

次に、自分がステップを上がっていること、目標に近づいていることを具体的に把握できるようにすることも大切です。

数字などで客観的に自分の成果や上達の程度が把握できると、目標に向けた努力が大事だと実感できます。自分の上達が実感できていない子に対しては、上達しているところや目標に近づいていることを教えてあげるようにします。

3 **努力の過程が大事だと思えるように**

また、目標を達成するまでの努力（そこに至るまでの過程）が大事だと思えることは、やる気を高め、さらに「努力すれば目標に近づくことができる」という自信につながります。

親が子どもに対して、結果だけを求めるのは避けたいものです。親は結果に対してよりも、**毎日の努力に対してねぎらったり、認めるなど、肯定的なフィードバック**をしてあげることが大切です。

4 **反復練習に目的意識を持つ**

同じ課題を繰り返すことがステップアップに必要な場合もありますが、反復練習は退屈で飽きやすいものです。

自信＝成功体験を得るための5つの方法

1

スモールステップを設定する

2

成果が具体的にわかるように

3

努力の過程が大事だと思えるように

4

反復練習に目的意識を持つ

5

目標達成のときはしっかり喜ぶ

しかし、自分が何のために繰り返し練習しているのか、その目的をしっかり理解し、目的意識を持つことで、やる気を持続させることができます。子どもが目的についてわかっていなかったり、忘れてしまっているときは、一度立ち止まって、親子一緒にそれを確認するようにしましょう。

5 目標達成のときはしっかり喜ぶ

目標を達成をしたときに、「やった！　できた！」と喜びの感情がともなうことによって、より一層大きな成功体験となります。**強い感情が喚起されると、その出来事は記憶に強く残ります**。そのため、ステップをクリアしていくたびに、喜びの感情が強まるような工夫もあるとよいでしょう。一緒に喜んで、感情を共有するだけでも効果があります。

失敗体験が重なった子はまず心の回復を

自信がない子は失敗体験を積み重ねてしまっています。そのため、自信を取り戻すには、成功体験を上書きしていく必要があります。

自信とは成功体験の積み重ねです「どうせできないよ」という子に教えてあげたい5つの方法

しかし、「自分にはどうせ無理」と考えることで、やれない、やる気が起こらない状態になり、場合によっては無気力になってしまうこともあります。その場合は、失敗体験で傷ついている心の回復を図ることが先決です。

それにはもうこれ以上失敗体験をしないで済むという「**安全感**」が必要です。また、自信を失っている状態を責められることなく、周囲に受け入れてもらえる「**安心感**」も大切です。この安全感と安心感を持てれば心の傷は時間とともに回復していきます。

もし子どもが失敗を悪いことだと評価しているならば、そんなことはなく、失敗は成功につながるのだと伝えてあげましょう。

激しい競争の中でサバイバルしてきた子どもには、勝ち負けで人の価値を判断しやすい面があります。そのため失敗したら「自分はダメ人間」「負け組」と自己卑下しやすくなります。勝ち負けだけではない価値観や、他者との比較ではなく自分の中の成長を大切にする姿勢を教えてあげてください。

これまでの成功体験を思い出すことも、自信を取り戻していくうえで役に立ちます。過去の成功を思い出せば、再び挑戦しようとする気持ちがわきやすくなるからです。

あるいは、憧れの人や他者の成功体験を見たり聞いたりすることでも、「自分も努力すればできる！」という思いを強くしてくれます。どのような努力をして目標を達成することができたのか、その人のスモールステップを具体的に知ることが大切です。

疲労やストレスの蓄積も、「やればできる」という自信の形成に悪影響をおよぼします。規則正しい生活リズムや十分な睡眠時間の確保、休息、ストレス解消など、心身のメンテナンスを日々心がけることも自信を維持するためには必要です。

先に述べましたが、自信のない子ほど自信にこだわります。自信のあるなしが気になるのです。

逆に、本当に自信がある子は自信にこだわらなくなります。「自信があろうがなかろうが、行動ありき」なのです。目標に向けて行動を起こして、とりあえずやってみます。このように子どもが「自信」という殻を破って踏み出すことができれば、大いに成長したことになります。

長いスパンで考えれば、いまは失敗でも、次の成功につながるための経験なのです。失敗体験は成功の糧であり、「**失敗とは成功に一歩近づいただけ**」といえるのです。

子どもの能力のほんとうの伸ばし方 5

自信とは成功体験の積み重ねです
「どうせできないよ」という子に教えてあげたい5つの方法

ポイント

- 自信を持ちなさいはNGワード
- 失敗体験が重なっている子はまず心の回復を
- 自信の有無にこだわらなくなれば成長の証

本番に強い子になってほしいなら
親は緊張との
上手な付き合い方を教え
そこに至る努力を認めてあげましょう

本番に強い子になってほしいなら
親は緊張との上手な付き合い方を教え
そこに至る努力を認めてあげましょう

本番に強い＝緊張しないではない

受験や試合となると、誰しも大きなプレッシャーがかかるものです。プレッシャーがかかれば、本番が近づくにつれて緊張してきます。すると、さまざまな生理的変化が起きます。

心臓がドキドキする、汗をかく、手や足が震える。このような変化は、じつは「本番に強い」「メンタルが強い」といわれる人でも同じように起きています。

「本番に強い人」＝「プレッシャーを感じない人」「緊張しない人」というのは、間違ったイメージです。

「本番に強い」とは、「緊張しないこと」ではありません。「緊張しても、いつも通りの力を発揮できること」なのです。つまり、**プレッシャーを感じて緊張したときに、うまく対処できることが本番に強くなること**なのです。

では、プレッシャーや緊張とうまく付き合うにはどうすればいいのでしょうか。

まず大切なのが、プレッシャーを感じたり、緊張することは、誰にとっても当たり前だと知ることです。

案外このことを知らないで、「プレッシャーに感じるのは心が弱いからだ」「緊張するのはよくないことだ」と決めつけてしまっている子どもがいます。

悪いものだと決めつけてしまうと、なんとかプレッシャーや緊張を消そうとします。でも、頭でいくら「緊張しないぞ」と考えても、身体は生理的変化を起こします。そのため、ますます焦ってしまい、不安が高まります。**緊張しないようにしようと思えば思うほど、逆に緊張してしまう**のです。

ですから、「どんなプロのアスリートもプレッシャーを感じ、緊張するんだよ」「あなたが緊張するのは当たり前」「みんなも緊張している」と子どもに教えてあげてください。

「プレッシャーきたな！」と前向きに

次に大切なのが、プレッシャーや緊張を決して否定せずにしっかりと感じ取ることです。身体の生理的変化を感じたら、「よし、プレッシャーきたな！」「緊張きたー」と前向きにとらえます。

このときに親御さんが緊張させないようにと、**「落ち着いてね」と言葉がけするのは、逆効果**です。「緊張してきた？ それはいいことだよ」と言ってあげてください。

そして前向きに緊張感を受け止めたあとに、身体に生じている生理的変化を落ち着かせ

本番に強い子になってほしいなら
親は緊張との上手な付き合い方を教え
そこに至る努力を認めてあげましょう

ます。

緊張すると全身の筋肉が硬くなるので、まずはそれをほぐすために簡単なストレッチが有効です。手首や首、肩を回すだけでも、だいぶ気持ちは落ち着くはずです。

呼吸を整えることも大事です。緊張すると、胸のあたりでする速い呼吸（胸式呼吸）になります。それを、お腹のあたりでゆっくりとする深呼吸（腹式呼吸）に切り替えることで、平常心に戻りやすくなります。

また、脳は、自分の表情に合った感情を感知しやすいという特徴があります。つまり怒った表情をしていると、怒りの感情がわき起こりやすいのです。

そのため緊張してこわばった表情をしていると、不安感が高まったり、それが持続しやすくなります。試験や試合の前に無理にニヤけるのはおかしいので、**自分なりの「気合いが入る表情」や「集中する表情」を決めておく**といいでしょう。お相撲さんが立会い前に、顔をパチパチと叩いてキリッとした表情になりますが、あれも参考になると思います。

緊張すると視野が狭くなるため、本番前に会場全体を見回したり、遠くを眺めたりすることもリラックスには有効です。目をつむって限球を動かすだけでも効果があります。

本番開始までの5〜10分間の過ごし方を、いつも同じパターンに決めておくことも役立ちます。

たとえば、「深呼吸をする　↓身体をほぐす（肩、首、手）　↓目を閉じて頭を回す　↓気合いの表情　↓心の中で〝よし、やるぞ！〟と言う」といった一連の流れや、自分なりに集中できるポーズ、しぐさ、フレーズを決めておきます。これはふだんの勉強や練習のときも毎回行います。そうすることで習慣化され、いざ本番のときもいつも通りのモードになり、実力を発揮しやすくなります。

100%の実力発揮をのぞまない

本番では100%以上の力を発揮したいと誰もが考えます。

しかし、やはり本番は誰にとっても難しいもので、プロスポーツ選手の世界でも、実力の80%が出せればすごいといわれています。100%をのぞみすぎると逆にプレッシャーや緊張を高めることになります。できる限りの力を発揮するためには、次のような心がけでのぞみましょう。

1　プロセス重視の言葉がけをする

受験や試合となると、どうしても合否や勝敗がすべてとなりがちですが、大切なことは、それまでの努力です。**本番に至るプロセス（過程）で、すでに多くの成果（学び）が得られている**ことを忘れないでください。

とくに親が結果だけを重要視する姿勢だったり、子どもよりも必死になってしまっている場合は、「入試での失敗は恐ろしいことだ」「試合で負けたら終わりだ」と子どもはとらえてしまい、本番で極度のプレッシャーで潰されてしまいます。

「失敗しないように気をつけて」「頑張ってね」という言葉がけよりも、「いままで頑張ってきたことがすごいよ」「いままでの努力を見て感心してるよ」といった言葉がけが、子どもを勇気づけます。

2 親ではなく子ども自身の挑戦にする

周囲からの期待が高いほど、プレッシャーは強くなるものです。逆に、自分だけのこと（自分事）であるなら、プレッシャーは必要以上にかかりません。

そのため、**親としては、できる限り〝子ども自身の挑戦〟として見守ってあげる**ことが重要です。「絶対に勝ってね」「合格しますように」などという言葉は子どもに言わないことです。

3 小さな成功体験を積み重ねる

緊張していても実力が発揮できるよう、別の機会を作って練習をしておくことも効果的です。たとえば、人前でスピーチする、模試を受けるなど、自らが緊張する事柄に積極的に取り組み、「緊張状態でも大丈夫だった。うまくいった」という小さな成功体験を積み重ねます。その結果、たとえ緊張していても、自然といつもの実力が発揮できるようになっていきます。

4 成功イメージだけでなく失敗イメージも持つ

ものごとを成就する方法として、成功イメージを抱くことが大事だと言われています。たしかにそれもありますが、「成功イメージを抱かなければならない」と考えすぎてもうまくいきません。自分の思いとは逆に、本番直前で失敗のイメージが浮かんでしまうと、余計に焦ってしまうからです。そのため、「成功イメージも失敗イメージもどちらも大事だ」と考えておくほうがよいのです。

本番までに成功するイメージを作っておきながら、さらに失敗のイメージも持っておく。つまり、**失敗の心づもりをしておくことで、いざ本番で想定外なことが起きても、あわてないで落ち着いて対応することができます。**

ポイント

子どもの
能力の
ほんとうの
伸ばし方

6

本番に強い子になってほしいなら
親は緊張との上手な付き合い方を教え
そこに至る努力を認めてあげましょう

- 緊張してしまうことは悪いことではない
- ふだんの実力の80%を出せたらよいほうだと考える
- 親はプロセス重視で接し、あくまで〝子どもの挑戦〟にする

Part III

うちの子の「困った」はこうして解決

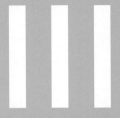

「うちの子、迷惑をかけてばかり…」
子どもの〝問題探し〟ではなく
〝例外探し〟をしてあげましょう

原因を取り除けば問題は解決？

通常、問題が起きてそれを解決しようと思ったときに、どういうことをするでしょうか。多くの人は、問題の原因を見つけようとするのではないでしょうか。

たとえば、急に自分の車のエンジンがかからなくなったら、それを解決するためには、原因を明らかにします。

バッテリーが上がっているのかもしれないし、ガソリンが切れているのかもしれない。あるいは電気系統の部品が壊れたのかもしれない。原因を突き止めることができれば、バッテリーを充電するなど、原因を取り除いて問題は解決です。

このように原因を見つけて、それを取り除く解決の方法のことを、「**問題志向アプローチ**」といいます。つまり問題（原因）に注目することで、解決する方法です。

これは、合理的で科学的なアプローチだともいえます。

祈祷師が病気を治していた時代から医学が進歩したのは、病原菌の存在という病気の原因を明らかにすることができたからです。そして、その病原菌を抗生物質で取り除くことが可能になり、多くの命が救われるようになりました。

ところが、この**問題志向アプローチは子育ての問題については、必ずしも有効ではないのです。**ここに子育ての難しさがあります。

たとえば、子どもが家でちっとも勉強しないので困っているとしましょう。その子が勉強しない原因を考えてみます。思い当たるのが、いつもゲームばかりしている子どもの姿です。このとき、ゲームをするという原因を取り除くことで、勉強をさせようと思うのは問題志向アプローチからは当然のことです。

そこで「ゲームばかりやっていないで、勉強をしなさい」と小言を言うと、これが良い結果を生むとは限らないのです。

子どもに「そんなにうるさく言われるから勉強をやる気がなくなった。いま、やろうと思っていたのに」と言い返されたりします。そのうち、親子ゲンカがはじまって勉強どころではなくなってしまったりします。

これは、**原因を取り除こうとして子どもに注意するという対処が、逆に新たな勉強をしない原因になってしまっている**ケースです。

こうなってくると、原因を取り除こうとすればするほど、また新たな原因が生まれてきて、悪循環になってしまいます。

ゲームをやめさせようと親がやっきになればなるほど、親子関係が悪くなって、子どもは勉強をしなくなってしまうのです。

原因追及をすると母親がやり玉に！

そもそも、子どもが勉強しないのは、ゲームのせいだったのかもあやしいところがあります。

もともと勉強が嫌い、勉強の大切さがわかっていない、日頃からなまけもの、学校で嫌なことがあったなど、さまざまな原因が考えられます。

そして、それが1つとは限らず、複雑に絡み合っていたりします。

車の故障などと違って、子育てという人間関係の問題は、原因を追及してもよくわからなかったり、複雑すぎたりするのです。

もとより、子どもに問題の原因について語らせようとしてもうまくいきません。

「なぜ、あなたは勉強をしないの？」と追及しても、子どもは叱られていると感じて、それに抵抗してしまいます。自分の気持ちを素直には話せません。それ以前に、自分の問題について、原因をはっきり理解している子どもは少ないでしょう。

問題の原因を追及しようとすると、それが犯人探しにすり替わってしまうこともあります。

その場合の犯人は、子どもに一番長く接している人になります。つまり母親が悪者としてやり玉にあがりやすく、子どもの問題について考えているうちに、「日頃の母親の子どもへの接し方が悪いのだ」ということになりがちなのです。

こうなってくると、原因を追及することのデメリットのほうが大きくなってしまっています。

そこで、子育てなど複雑な問題に対応する、もう1つの解決方法が大切になってきます。それは「**解決志向アプローチ**」という方法です。

この解決方法の大きな特徴は、問題の原因を探そうとしないところです。言ってみれば、原因はさておき、とにかく解決を図ろうというやり方です。

つまり、**原因よりも目指すべきゴールである解決そのものを重視する**のです。

この解決方法のもとにある考え方は、問題をなくすことが解決ではないというものです。

成功した「例外」を探すほうが得策

先ほど例にあげた、ゲームばかりして勉強をしないという問題について、具体的に考えてみましょう。

家で勉強しない原因は、ゲームだけでなく、ほかにもいろいろなものが考えられます。それらが絡み合っているかもしれません。ですから、原因については考えません。

そうではなくて、少しでも家で勉強していたことはないか、勉強しようというそぶりを見せたことはないか、ということを考えます。

勉強をしないという問題があるとしたら、その問題のまわりに例外的にうまくいったことはないかを探すのです。そういう例外探しのほうが、原因探しよりも、よほどプラスに働きます。


原因があり、その結果、問題が起きると人は直線的・固定的に考えがちです。しかし、実際にはもっと複雑で、しかも流動的なのです。

変化は常に起きています。そして、小さな変化は大きな変化を生み出します。

子どもが勉強しないという問題も、常に変化していることに着目してください。どうせ変わらない、というのは思い込みです。

そのためには**子どもに対する観察力**が必要です。そして、少しでも家で勉強していたり、勉強するそぶりを見せたら、その変化を大きな変化に拡大させることを考えます。

(親)「なぜ、勉強しようと思ったの」(子)「今日は気分がよかったから」

(親)「どんな風に?」(子)「ゲームでうまく勝てた」

（親）「そうなんだ。ほかには、どうなると気分がよくなるの」
（子）『勉強しなさい』ってがみがみ言われないといいかも」
（親）「わかった。でも宿題をするのを忘れているときは、どうする？」
（子）「そのときは、気持ちよく『宿題が待っているよ』って言って」
（親）「ＯＫ！　ほかにはどうしたら勉強がもっとしやすくなる？」

こんなふうにうまくいった例外を見つけて、それを広げていく質問を投げかけていきます。問題は常に変化していますし、例外が必ずあるものです。そのうまくいった例外について、どう起きたかを探り、ほかに広げます。**うまくできないことを追及するのではなく、うまくできたことについて、なぜ成功したかを追及していく**のです。

また子どもには、すでに持っている資質や能力が必ずあります。これを「リソース」といいます。

たとえば、得意なこと、興味・関心のあること、熱中していること、成功体験、困難を乗り越えた体験などはすべてリソースです。

これらは本人が持っているリソースですが、家族や友人、愛用のもの、ペット、ヒーロー、本人に力を与えてくれる周囲の人やものも外的なリソースとなります。

解決志向アプローチでは、このリソースに着目することも重要です。

親御さんに「お子さんの売り（いい所）は何ですか？」とたずねると、答えにつまる人が多く、逆に「悪い所、直して欲しいところ」は山ほど出てきます。それでは困ります。子どもがすでに持っているにもかかわらず、持っていることに気づいていないものを、子ども自身が使えるようにしてあげる。それによって問題が解決することがあります。親は「わが子の売り」について、しっかりわかってあげてください。

過去の失敗ではなく常に未来志向で

場合によっては、問題がリソースに置きかわることもあります。問題に見えることが役立て方によってプラスに転化するのです。

たとえば、ゲームばっかりやっている＝集中力があるともいえます。そうであれば、ゲームの集中力をうまく勉強にも向かわせることができればよいのです。

また、逆に飽きっぽい子は、好奇心が旺盛であるということかもしれません。その利点を生かすことを考えます。

解決志向アプローチでは、未来志向であることも大事です。**過去にうまくいかなかったことをとやかく考えるのではなく、これからどうなりたいのかをイメージします。**

たとえば、家で勉強しないということであれば、勉強しなかった過去についての原因追及ではなく、勉強したらどうなるかを考えます。

勉強してどうなりたいかを子どもと語り合うのです。テストの点を上げて友だちに自慢したいでもいいですし、学校の授業がもっとわかるようになりたいでもいいです。

このように、解決志向アプローチは問題志向アプローチとまったく方向性の違う問題解決の方法です。

子育ての悩みは、問題志向アプローチで解決できるなら、それはそれでよいのですが、うまくいかないときはもう1つの方法である解決志向アプローチを試してみてください。また、場合によっては2つの方法を切り替える柔軟さが必要です。

最後に2つのアプローチに共通する問題解決の3原則をお伝えしましょう。

1 **もしうまくいっているなら、変えようとしない**
2 **もし一度やってうまくいったなら、またそれを続ける**
3 **もしうまくいっていないのであれば、(なんでもいいから) 違うことをする。**

当たり前のことのようですが、意外にこの3原則に反したことをしてしまうことが多いので、気をつけてください。

ポイント

うちの子の「困った」はこうして解決 1

「うちの子、迷惑をかけてばかり…」
子どもの〝問題探し〟ではなく
〝例外探し〟をしてあげましょう

● 問題解決には問題志向と解決志向の2つのアプローチ

● 失敗の原因よりも成功した例外を探すほうがプラス

● 過去ではなく、常に未来に焦点を当てて考えて

うちの子の
「困った」は
こうして解決

2

わざと親を困らせる子
その〝本当の理由〟がわかれば
問題行動は消えていきます

困った行動の背景にある「所属欲求」

言われれば当たり前のことかもしれませんが、子どもは小さな大人ではありません。子どもは成長途中であるからこそ、大人から見ると困ったことをします。

でも**子どもの困った行動は、あくまでも大人から見て「問題」なのであって、子どもの視点から見ると、成長するために必要な行為**なのです。

また、子どもの困った行動には理由があります。むしろ理由があって、わざと困った行動をしているともいえます。その部分を親が理解してあげないと、子どもの困った行動はエスカレートしていきます。

小学生の子どもたちが所属している集団は、家庭と学校（クラス）、あるいは習いごとのクラスなどであったりします。

自分が所属している集団内で、ほめられたり注目されることによって得られる〝自分がそこにいていいのだ〟という安心感や、自分の居場所が確保できていることが、子どもにとっては必要です。このような欲求を「**所属欲求**」といい、人間にとって根元的な欲求と考えられています。

子どもたちが起こす困った行動は、この「所属欲求」が満たされておらず、それを取り戻すための必死の行動である場合が多くあります。

つまり、家庭や学校でほめられたり注目されることがないために、あえて困った行動を起こしてまでも注目されようと必死に自分の存在をアピールするのです。

ですから、家庭や学校などにおいてほめる機会を増やしたり、適切な行動に注目してあげると、子どもの困った行動は減っていきます。

しかし、**逆に叱責や罰を与えるなどの対応を繰り返していくと、ますます子どもの所属欲求が満たされず、問題行動へとエスカレートしていきます。**

最初は、より自分に注目や関心を集めるような行動を頻繁にとるようになります。親がうるさくて仕方がないほど、かまってほしさをアピールしてきます。

忙しいときに限って声をかけてきたり、「あれしてこれして」と要求したりします。それでも注目や関心が得られないと、わざと悪いことをしてでも注意を引こうとします。

たとえば、親のいる前で下のきょうだいに意地悪をしたり、うるさい音を出したり、わざとふざけてみたりします。

ここで親が子どもの異変に気づき、向き合って話を聞き、2人で過ごす時間を作るように心がけます。この段階で子どもからのサインをキャッチして対応することが、困った行動を深刻化させない最善の予防策です。

とはいうものの、親も忙しければ、なかなか子どもの行動の変化に気づくことができません。そのような場合でも、親が自分自身の中にわき起こる感情の変化に注意していると、子どもの変化に気づくことができます。

1 子どもがふだんよりもかまってほしさをアピールしてくるため、子どもとの距離が急に近くなったように感じる。

2 いままでしていなかった困った行動をするため、子どもに対して「もううんざり、困った子だ」という気持ちが芽生えてくる。

3 「もうしつこい、あっちにいって」という拒否的な感情が強くなる。

このような感情が子どもに対してわき起こってきたら、「もしかしたら所属欲求が満たされていないのかもしれない」という視点で子どもを見つめ直してください。

満たされない子は「力を誇示する」

この段階で、子どもの気持ちが無視され、叱責が繰り返されてしまうと、次は「力を誇示する」ようになります。

つまり、親よりも自分のほうが「強い」「偉い」「すごい」のだと示すことで、家庭内での自分の居場所を確保しようとするのです。これには、繰り返し叱責され、失われた自信を再び取り戻そうとする意味合いもあります。

そのために、強く親に反発をしたり、嘘をついたり、親が禁止している行為をしたり、親の期待していることをやらなかったり、わざと忘れたりします。塾に行ったふりをして、遊びに行くなど、怠惰な生活態度を取ることで、親は自分を服従させることができないのだと示すのです。

学校での問題行動も同じです。わざと授業中にふざけてまわりの注目を集める行動をします。

たとえば、授業中にほかの子どもに大きな声で話しかけたり、離席したり、「つまんね～」といって課題に取り組まなかったり、先生をからかってほかの子のウケを取ろうとします。

ここで先生が「問題児」とレッテルを貼り、叱責ばかりを繰り返してしまうと、その子はますます自分の存在をアピールするため、仲間を増やして徒党を組み、先生に反発します。これがエスカレートするとクラス全体を巻き込んだ学級崩壊に向かってしまいます。

自尊心が傷つくと「復讐の段階」へ

この段階で、大人から子どもに寄り添っていくことができれば問題は深刻化しません。しかし、ここで大人が子どもを服従させようとすると、子どもの自尊心はさらに深く傷つけられ、次の「**復讐の段階**」に進んでしまいます。

自分が傷つけられたのと同じように親に復讐するため、暴力を振るうようになります。直接、親に怒りをぶつけられない場合は、親が傷つくであろう行動を起こします。

たとえば、万引きや学校に行かずに不良交友に走る、ほかの子や先生に暴力を振るうなどです。また、親が期待することは一切やらないようになります。この段階にまでいくと、親だけの対応では軌道修正するのが難しくなります。うまく外部の人や支援機関と連携を取って解決に向けて取り組んでいく必要があります。

そして悪循環を断ち切ることができなければ、最後の段階まで進み、子どもは何事にも無気力になってしまいます。生きていく勇気を失い、あえて自暴自棄の行動を取り、自分の無能力さをアピールするようになります。

子どもが問題を起こすと、親はどうしてもその問題ばかりに注意が向きがちです。しかし、子どもの困った行動をなくすという発想から、どう解決していくかに発想に切り替えていくことが必要です。

24時間ずっと問題を起こしている子どもはいません。必ず問題を起こしていないときがあります。また、うまく解決できているとき、適切な行動を取っているときがあるはずです。その**うまくいっている部分を発見し、広げていくことが重要**です。

困った行動をなくそうとすると、どうしても問題ばかりがクローズアップされてしまいます。ぜひうまくいっている場面を見つけてあげてください。悪いところではなく、いいところ探しをするのです。そこをほめたり注目してあげることで、困った行動は背景に隠れ、自然に消失していくはずです。

ポイント

うちの子の「困った」はこうして解決

2

わざと親を困らせる子
その〝本当の理由〟がわかれば
問題行動は消えていきます

・問題行動は「所属欲求」が満たされていないから

・力を誇示し、それでもだめだと「復讐の段階」へ

・親は服従させるのではなく寄り添うことを心がける

うちの子の
「困った」は
こうして解決

3

うちの子、ひとりぼっちかも？たとえ心配でも、友だち関係に親は口出しをしてはいけません

うちの子、ひとりぼっちかも？
たとえ心配でも、友だち関係に
親は口出しをしてはいけません

「友だちができない」には理由がある

日々、私が受けている子どもたちの相談の中に、友だち関係の悩みは少なくありません。といっても「ケンカをしてしまい仲直りできない」といったもので、たいていは対処法を一緒に考えることで解決できます。

学年が上がると「○○が本当にむかつく」といった訴えがあったりします。子どもたちも大人の世界と変わらず、人間関係にストレスを感じているのです。

それでも多くの子どもたちは、グチを言ったりしながらストレスを解消して、友だち関係をなんとかこなしています。

その中で、「友だちがいない」「遊び相手がいない」「友だちがうまく作れない」といった悩みのときは、ちょっとやっかいです。親も、わが子に友だちがいないことがわかると、とても心配になると思います。

この場合、まずはなぜ友だちを作れないのか、その背景を冷静に分析することが大切です。**友だちができない子は、じつはその子自身に理由があることが少なくない**のです。

その際にヒントになるのが、子どもたちが、どういう子に対して「○○って嫌なヤツ」

「○○とは友だちになりたくない」と言っているかです。

子どもたちの発言を聞いてみると、嫌われたり、避けられてしまう子どもには共通の特徴があります。大きく分けて、以下の4つのタイプのどれかに当てはまるといえます。

1 自分勝手（自己チュー）なタイプ

遊びのルールを守らずに自分勝手に変えてしまう。自分が負けそうになるとやめる。なにがなんでも勝とうとして、ズルをする。いつも話題の中心になろうとする。ほかの人の話を聞かない。

2 不快な感情をすぐに行動に示すタイプ

自分が嫌な思いをすると、それをぶつけてくる。遊びで負けそうになったり、話していて自分がおもしろくない話題だと、小突いたり、蹴ったり、「バカ」「死ね」「うるせー」「だまれ」と言ってくる。また、すぐにいじけてしまったり、泣いてしまう。

3 子どもたちどうしの中で生じた軋轢（もめごと、ケンカ）をすぐに先生や親に告げ口するタイプ

大げさに被害を訴える、「悲劇のヒロイン」を演じる子も付き合いづらい相手。子どもどうしの世界にやたらと大人を入れてしまう子も避けられる。

4 裏表があり陰口を言うタイプ

一緒にいる相手によって、いい顔と悪い顔を極端に使い分ける。いい顔をしていた相手がいないところで、その子の悪口を言うなど、裏表をあからさまに使い分けている子どもは信用されずに避けられる。また、特定の好きな子ばかりを独占しようとして、ほかの子とのかかわりを妨げようとする子も周囲から反感を買う。

まずはわが子がこの4つの傾向がないか観察してみてください。

直接、子どもどうしのかかわりを見る機会は少ないという場合は、きょうだい関係や親子関係で、このような傾向がみられないかに注意してみると、案外に見えてくるものです。

ソーシャルスキル不足を練習で補う

嫌われてしまう子どもは、ソーシャルスキル（社会的スキル）が不足しているといえます。人間関係をうまくこなしていくための能力を、心理学の分野では「ソーシャルスキル」と呼び、主に次のようなものがあります。

1 他者理解スキル

・友だちの気持ちを正確にとらえられる（表情や行動から相手の気持ちを推測し、感情を言葉

で表現できる）

・友だちの気持ちに適切に反応できる（相手の気持ちに共感を示す。相手が嫌がることをしない）

2 協調スキル

・遊びの中で、ルールに従う（順番を守るなど仲良く遊ぶことができる）

・困っている人を助ける。人と分け与える。相手に親切な気持ちを示す

3 自己コントロール・スキル

・欲求不満、不安、怒りなど不快な感情を適切に処理する（不満や怒りをそのまま相手にぶつけない）

・やりたくなくても、あえて行うことができる（自分がしたくない遊びでも友だちがしたければ付き合う）

4 コミュニケーション・スキル

・友だちの話を聞く、適切に自己表現する（自分の気持ちも相手の気持ちも大事にできる）

これらのスキルが不足すると、嫌われる傾向を持ってしまいます。もし、お子さんに不足しているスキルがある場合は、さりげなくそうしたスキルが身につけられるような場面を作り、親子で練習してみてください。

たとえば、一緒に勝ち負けのある遊びをして、順番やルールを守るスキルを育む。親が率先して子どもの話を聞き、共感する言葉がけをする。誰かが困っているときに手を貸すなど、親がお手本を示して、本人が学べる状況を提供します。

残念ながら親がわが子の友だち関係に対してできることはほとんどありません。つい心配のあまり友だち関係に口出しするケースもあるかもしれませんが、**親（大人）が子どもどうしの関係に介入してくることを子どもたちは快く思いません**。友だちができない子も同様です。

ですから、親にできることは、あくまでも間接的なサポート。子どもが友人関係で困っている姿を見るのは、親としてはつらいことですが、**ソーシャルスキルは、あくまで子どもが自分自身で学んでいかなければなりません**。

親にできることは、思いやりを持って子どもの話に耳を傾けることや、ほかの子と十分に遊べる機会を与えることくらいです。

引っこみ思案であることを責めないで

さて、先に述べた4つのタイプに当てはまらないのに、友だちをうまく作れない子もいます。

その多くは、引っこみ思案の子どもです。引っこみ思案の子は、行動するよりも先に頭であれこれ考えてしまいます。「自分が何か言ったり、何かしたら相手がどう思うだろう」ということばかりを先に考えてしまうのです。「相手は嫌がるのでは？」「怒らないかな？」「嫌われたらどうしよう？」といったネガティブなことばかりを想定してしまいます。

つまり、相手の考えや気持ちを、あやまった読心術を使って、あれこれ想像してしまうのです。

そのため、自分から声をかけたり、遊びに誘ったり、自分が言いたいことを伝えたりすることに強い不安を感じ、そうした行動を避けるようになります。すると友だちとの交流のきっかけが減ってしまい、友人作りがうまくいかなくなるのです。

引っこみ思案の子どもに対して大人が絶対にしてはいけないことは、引っこみ思案であることを責めたり、友だちがいないことを非難することです。

また、なんとかしないといけないと子どもを焦らせたり、危機感をあおってもいけません。

うちの子、ひとりぼっちかも？
たとえ心配でも、友だち関係に
親は口出しをしてはいけません

そうすれば余計に不安感を強めてしまい、ますます友だち関係をハードルの高いことだと感じ、避けてしまいます。

親としては、さりげなく家で友だちと遊ぶ機会を提供したりするだけで十分です。案外、子どもが成長する中で、子どもどうしで友だち関係を築いていけるようになっていくものです。

また、もともと1人でいることが好きな子どももいます。たとえば、学校の休み時間に読書をしたり、自由帳に絵を描いて過ごすことが好きな子どもです。

このようなタイプの子は、別に友だちがいないことに悩んではいません。親は心配するかもしれませんが、もともと1人で楽しく過ごしているのです。

こうした子は自分の世界（観）を持っている子が多いようです。また、人生のどこかで似たような世界観を持つ相手と出会い、親友になることもあります。親として大事なのは、「友だちがいないことはダメなことだ」といった勝手な意味づけを子どもに押しつけないことです。過剰に心配する必要はありません。

うちの子の「困った」はこうして解決 3

うちの子、ひとりぼっちかも？ たとえ心配でも、友だち関係に親は口出しをしてはいけません

ポイント

- 友だちがいないのは、本人に原因がある場合も
- 子どもは子どもどうしでソーシャルスキルを磨いていく
- 引っ込み思案の子を責めたり、非難してはいけない

自己中心的でわがままな子
それは「甘やかしすぎたから」ではありません
むしろもっと甘えられる環境を

自己中心的でわがままな子
それは「甘やかしすぎたから」ではありません
むしろもっと甘えられる環境を

「厳しく育て直す」は間違った考え方

うちの子は自分勝手で、ほかの人のことを思いやらずに、自己中心的な行動ばかりする。いつまでたっても、そういうわがままなところが直らない。これは、甘やかして育てたからではないだろうか——そんなふうに、育て方を間違えたと悩む親御さんの相談をよく受けます。

その中には**「甘えを許さず、厳しく育て直さないといけない」と考えている人もいます。しかし、これは逆効果です。**

小学校に入ってからもわがままな行動や言動がみられる場合、子どもにはそうせざるを得ないわけがあるのです。

その**背景には「甘えたくても甘えられない」気持ち**があります。

みなさんは、「甘え」に対してどのようなイメージを抱いているでしょうか？

そもそも甘えという言葉は、「甘ったれ」「甘えん坊」「甘やかし」というように、あまり好ましくない意味で使われる場合が多いと思います。

甘えは「自立に必要なもの」というよりも、どちらかというと「自立の妨げになるもの」

と認識されています。

しかし、「甘えられる」ということは、自立に向けて必要な心の栄養素であり、非常に大切です。

甘えとは、自分の感情を認めてもらい、受け入れてもらえたときに抱く感情、あるいは受け入れてもらいたいと願う気持ちです。

幼児であれば、不安やさびしくなったときに親にくっついたり、抱っこしてもらうことで安心感を取り戻す。それが「甘えられた」と感じる体験です。大事なのは、不快な感情を親子の関係の中で共有し、わかってもらえたと子ども自身が実感し安心することです。

乳幼児期に自然とこういった体験ができた子は、心の中に信頼感や安心感が育まれ、それを土台にして、他者を信頼することができます。

また、他者（親）に対する信頼感がベースにあるからこそ、親からの教え（いわゆるしつけ）を受け入れることができ、自分の欲求を抑えて社会のルールに合わせることもできます。

自分の思いをわかってほしい

自己中心的でわがままな子
それは「甘やかしすぎたから」ではありません
むしろもっと甘えられる環境を

一方、乳幼児期に自然に甘えられなかった子は、親が自分を受け入れてくれるか、見捨てられないかが心配で、親のふるまいを常に気にかけるようになってしまいます。**甘えたい欲求は決してなくならないため、甘えることに四六時中とらわれてしまうのです**。自分の思いをわかってほしい、満たしてほしいと駆り立てられて、それがわがままな行動として現れます。

たとえば、本当はそこまで欲しくないものでも「買って」としつこく駄々をこねたり、登校渋りをします。「自分のわがままな行動を親が受け入れるかどうか」で、「自分の気持ち（甘え）を親が受け入れている」証しとみなしてしまうのです。

そして、強く訴えたものを買ってもらったり、一時的に学校を休んでも、本当の甘えたい気持ちが満たされないとまた同じ訴えをしてしまいます。

そして、甘えられずに育った子どもは、親以外の他人との付き合い方も、「相手に甘えられるかどうか」が中心となります。

仮に甘えられるとわかれば、ここぞとばかりに依存し、それまでに甘えられなかったぶんを取り戻そうとします。

また、親密になるにつれて、自分のわがままを受け入れてもらいたいという甘えの心理が強くなり、「1人の子を独占し、ほかの子と仲良くするのを怒る」「自分が好きな遊びだけ強要する」などの自己中心的な行動が前面に出てしまいます。

もしそれが拒否されたり反発されれば、すねたり怒り出すため、相手は徐々に距離を置くようになってしまいます。

このように、甘えられなかった子は、上手な人間関係が築けずに孤立しやすいため、ますます「甘えたいのに甘えられない」悪循環に陥ってしまいます。

その結果、他者を威嚇したり、暴言を吐いたり、攻撃をしかけるようになる子も現れます。また、自分が甘えられないのに、他人が甘えている姿を見ると嫉みが生じて、それを機にいじめをする場合もあります。

いつからでも育て直しができる

わが子のわがままが続くようなら、親は乳幼児期を振り返り、子どもの甘えが満たされていたかどうかを確認してみてください。

ただ、**たとえ不足していたとしても、必要以上に罪悪感を抱いたり、落ち込む必要はありません。**

そもそも乳幼児期に甘えたい気持ちが１００％満たされる子どもはいません。子育てを

自己中心的でわがままな子
それは「甘やかしすぎたから」ではありません
むしろもっと甘えられる環境を

していれば当たり前のことですが、忙しかったり、イライラしていて、子どもを軽くあしらったり、見放したりすることはよくあります。甘えたい欲求がわかっていても、大人側に余裕がなければ、対応はむずかしいものです。

甘えたい思いを満たしてあげられなかったと感じたら、いまからでも遅くはありません。育て直しに取り組んでみてください。

小学校低学年の場合は、積極的にスキンシップを取ってあげたり、寝る前のお話タイムや本の読み聞かせなど、甘えやすい環境を作ってあげます。

一方、10歳を過ぎて、思春期の入り口に入っている場合は、心身の変化のため、親に対して甘えづらくなります。親があからさまに甘えさせようと接近すると、逆に「うるせー」「近寄るな」などと反発をまねくことがあります。

甘えたくても甘えられない子への対応

小学校低学年の場合

- 積極的にスキンシップを取る
- 寝る前のお話タイムや本の読み聞かせなど甘えやすい環境を作ってあげる

10歳を過ぎて思春期の入り口に入った場合

- 甘えさせようと接近すると逆に反発される
- 子どもの興味のあることに関心を示したり、頑張っていることを認め、ねぎらってみる

これに対して、親は叱るのではなく、軽くかわしてあげることが得策です。まずは、子どもが興味のあることに関心を示したり、大変なことや頑張っていることを認め、ねぎらってあげてください。

甘えの基本は、共通の体験を通して、感情を共有し合うことです。ですから親子で出かけたり、同じものを食べ、同じものを見て、同じ時間を共有することで、少しずつ甘えやすい関係ができてくるはずです。

それができれば、子どものほうから「よく話すようになる」「そっと何も言わずに近づいてくる」などの甘え行動がでてくるはずです。

甘えを受け入れてもらえるだけで、子どもは大きく変わっていきます。心に余裕が生じ、わがままを押し通す必要性が減って、他者への配慮ができるようになるからです。

ポイント

うちの子の「困った」はこうして解決 4

自己中心的でわがままな子
それは「甘やかしすぎたから」ではありません
むしろもっと甘えられる環境を

- わがままの背後には「甘えられなかった」経験がある
- 親は必要以上に罪悪感を感じることはない
- いつからでも育て直しは可能。年齢に合わせた対応を

「うちの子は競争心がなくて…」
親が心配しすぎることは
むしろ逆効果です
競争心より向上心に
目を向けましょう

「うちの子は競争心がなくて…」
親が心配しすぎることはむしろ逆効果です
競争心より向上心に目を向けましょう

競争心と向上心の違いを知る

競争心の強さというものは人それぞれです。ライバルがいることでやる気に火がつき、自分の実力以上の力が引き出されるタイプの子もいれば、人と比べることにたいして関心がなく、マイペースでものごとに取り組むタイプの子もいます。

わが子に競争心がない場合、消極的過ぎる、もっと競争心があってほしいと思うかもしれません。

一方、競争心が強すぎて、人を見下すような様子がみられれば、競争心が強すぎることを心配するかもしれません。

どのようにして競争心は育まれ、また、そうした違いは生まれてくるのでしょうか。

そもそも競争心とは、勝ち負けを競い合う気持ちであり、「相手に勝ってやるぞ」「1位になるぞ」という気持ちの強さを指します。似た言葉に「向上心」がありますが、向上心とは、理想の自分自身を目指す気持ちを表します。

競争心と向上心は異なります。

大きな違いは「誰と比較しているか」。競争心は他者と比較したうえでの勝ち負けです。

一方、向上心は現在の自分と理想の自分との比較になります。

じつは、向上心は、誰もが生まれながらに備わっています。

赤ちゃんのうちから、人は自分の感覚や身体を使って、自らできることを増やそうとします。乳幼児は、手を伸ばして遠くのものを取ろうとしたり、遠くへ行くために立ち上がり、歩こうとします。やりたいことができるようになりたい、という向上心が強いのです。

やがて子どもどうしのかかわりやきょうだい、親などとのかかわりの中で、競争心が芽生えてきます。

それは、遊びや競技を通してだけでなく、日常の中で生じる他者との比較からも育まれていきます。「○○ちゃんはお利口だね」「○○君はしっかりしているから、あなたもしっかりしなさい」というような、他者と比較されて褒められたり叱られたりするのがその例です。

適度な競争はプラスの効果

小学校に入学すると、子どもたちはよりいっそう、他者との違いを意識しはじめます。

「自分は漢字が得意だけど、計算ではこの子にかなわない」「縄跳びは自分のほうが飛べる

「うちの子は競争心がなくて…」
親が心配しすぎることはむしろ逆効果です
競争心より向上心に目を向けましょう

けど、足はあの子のほうが速い」など、嫌でも周囲との違いを突きつけられます。また、よくできる事柄は周囲から評価され、逆にうまくいかない事柄は評価されないことを実感します。そして、自分がまわりより優れていることと、まわりが自分より優れていることが明確になっていき、自信を持ったり、または自信を失くす経験をしていくのです。

このように考えれば、子どもは、大なり小なり、常に競争のある世界にいるといえます。

そして、こうした競い合う体験を通して、それぞれの子どもの中で何が育まれていくかが重要です。

適度な競争は、子どもにとってプラスになります。競争で勝ってうれしいという体験だけでなく、負けて悔しいという体験をすることも大切です。

勝ったことを褒められ、認められることで、承認欲求が満たされ、自信が育まれます。また、負ける悔しさや悲しみを味わい、それを他者に共感してもらい、なぐさめてもらうことによって、ネガティブな気持ちを抱える心の強さを育むことができます。

勝ったり、負けたりする体験を通して、自分とは逆の立場になった人のことを想像する力も育まれていきます。負けた悔しさがバネになり、それがより高みを目指すための「野心」につながっていくこともあります。

健全な競争心は向上心に結びつく

このように**適度な勝ち負けの体験によって、健全な競争心が育まれた子は、さらに自分をレベルアップさせたいという向上心が強まります**。

つまり、「競争心」と「向上心」が結びついているのです。そのため、目標に向けて、積極的に努力することができます。

逆に、子ども自身が望んでいないのに、過度に競争に駆り立てたり、その中で負け続けてしまった場合には、競争のマイナス面を子どもに与えてしまうことになります。

負けたことを怒られたり、恥ずかしい思いをさせられた場合には、「負けること＝悪いこと」と認識して自己評価を下げ、負けが続けば強い劣等感を抱きます。

また、**望まない過度な競争は、過度な競争心も芽生えさせます**。競争相手は「敵」になり、他者に対して敵意を向けやすくなり、負けた相手を馬鹿にしたり、蔑んだりするようになります。

もちろん勝っていれば優越感を味わえるかもしれませんが、負けた途端に自信を失い、意欲を喪失します。そのため負けないようにと勝負を避け、挑戦しなくなる子もいます。

つまり、過度な競争によって心が傷つくと、競争心だけでなく向上心も失ってしまうのです。

もともと競い合うことに関心のない子も

もともと勝ち負けにこだわりのない子もいます。競い合うことよりも、他者と協力したり、仲良くすることを望む子です。そうした子は競争心よりも「**親和欲求**」が強いといえます。

ほかには、読書が好き、絵を描くのが好き、アニメが好きなど、自分なりに好きな事柄や楽しいことに夢中になっている子も、競争心がないように見えるかもしれません。

しかし、**そうした子の場合、競争心はなくとも人一倍強い向上心を持っていることが少なくありません**。

また、かつては競争心が強かったけれども、成長とともに「他者との比較（競争心）」から「自分の中の比較（向上心）」を重視するように変化していく子もいます。

いずれにしても、たとえ競争心が見られなくとも、向上心はあるものなので、過度に心配する必要はありません。

本来、競争心は大人が身につけさせるものではなく、子ども自身の中で自然にわき起こっ

「うちの子は競争心がなくて…」
親が心配しすぎることはむしろ逆効果です
競争心より向上心に目を向けましょう

てくるものです。したがって、親が子どもの競争心を高めようと何か操作しようとしないほうがいいのです。

親と子の競争心のギャップは問題

子どもの競争心と親の競争心の強さが同じくらいなら大きな問題は起きません。

しかし、親子で競争心の強さにギャップがある場合、とくに子どもにあまり競争心がないのに、親が強い場合は注意が必要です。元来、競争心のない子に対して、むりやりに勝ち負けの世界だけを押しつけてしまうと、競争のマイナス面の影響を強く受けることになります。**あくまでも、子どもの競争心に合わせた接し方を心がけるべきです**。

もしマイナスの面の影響が強く出て、子ども過度な競争心を抱いてしまったり、逆に競争心や向上心を失ってしまっている場合は、親のかかわりだけでなく、子どもの生活（家庭、学校、習いごとなど）で生じる競争の程度の強さも、子どもに

「うちの子は競争心がなくて…」
親が心配しすぎることはむしろ逆効果です
競争心より向上心に目を向けましょう

適しているかどうかを検討する必要があります。

そして、親としては**競争心をあおるのではなく、向上心が伸びていけるようにサポートしてあげることが大切**です。

そのためには、競争の結果だけではなく、目標に向けた過程で自分なりの努力や成長に気づけるようにフィードバックしてあげるようにします。

大人になって組織に所属すれば、まわりと協力・協調して目標を達成することが求められます。

子どもの頃から対話を通して互いに得意な面を活かし、苦手な面を補い合いながらものごとに取り組む体験を積み重ねていくことには大きな意味があります。競争社会だけの価値観ではなく、「一人一人では弱い存在。だからこそ、協力し合って、支え合って生きる。互いに協調しながら、ともに生きていく」価値観も育んでいきたいものです。

ポイント

うちの子の「困った」はこうして解決 5

「うちの子は競争心がなくて…」
親が心配しすぎることはむしろ逆効果です
競争心より向上心に目を向けましょう

- 適度な競争心は向上心を高めてくれる
- 1人で楽しめる子など、元来、競争心がない子も
- 親子の競争心の強さが違う場合は要注意

「もっと自発的になってほしいのに…」でも、親がアドバイスするのは子どもの準備が整うまで待つべきです

「もっと自発的になってほしいのに…」
でも、親がアドバイスするのは
子どもの準備が整うまで待つべきです

変化には5つのステップがある

「宿題やったの！」「早く寝なさい！」の言葉を言わずに、子どもが自発的に勉強をし、早寝早起きをしてくれたらと思うのは、どの親も同じかもしれません。いつも注意しているのに、一向に変わらない毎日の繰り返し。

どうしたら、子どもが自ら行動を起こしてくれるのでしょうか。

じつは、人が自発的に変化していくには一連のステップがあります。

それは5段階に分かれ、それぞれ「**前熟考段階**」「**熟考段階**」「**準備段階**」「**実行段階**」「**維持段階**」と呼ばれています。子どもを自分から変化させるには、まずこの5つの段階について親が理解することが必要です。

1 前熟考段階

最初の段階が、自分が変わる必要性を考えていない「前熟考段階」です。変わる必要性を深く考える前なので、自分の行動を変える気持ちを抱いていないし、行動する意志もありません。

たとえば、毎日勉強することや早く寝ることが必要だと考えていない状態であり、自分にはそもそも問題（課題）があると気づいていません。あるいは、問題があるとは思っていても、それに対して自分が行動を起こして変わるべきだとは考えていないのです。

この段階で親が子どもに注意したり叱責したりしても、子どもは「親がむりやり何かをさせようとしている」と思うだけで、注意や叱責を無視してしまいます。

2 熟考段階

その次は「熟考段階」です。この段階になって、やっと変わる必要性を頭で考えはじめます。自分に問題（課題）があり、「このままの状態ではよくない」と気づき、現状に困り出すのです。

ただし、**変わる必要性は感じているものの、行動に移すのに躊躇しています**。「もっと勉強しないと合格できないとわかっているけど、したくない（もっと遊びたい）」「早く寝ることが大切だけども、テレビが見たい」といった具合です。

「明日から勉強するよ」「明日は早く寝るから」と先送りして、結局次の日になっても行動がともないません。

変化の必要性は認識しているけど、それに対して、時間をかけ、努力して、エネルギーを費やすだけの価値があるのかどうか迷っている状態といえます。「変化すること」と「変化しない現状維持」のあいだを揺れ動いて葛藤している段階です。

3 準備段階

3つ目の段階は、「準備段階」です。この段階に入ると、変化することに対して躊躇していた気持ちがなくなり、本格的に変化を起こそうと決意しています。**行動の前に、目標を明確にしたり、計画を立てたりと準備する段階**です。

準備段階では、問題意識の共有が親子間でできるため、「勉強を毎日できるためにどうすればいいか」「早寝早起きができるために何ができるか」など問題解決に向けた会話がスムーズにできます。

4 実行段階

そして次の段階が、実際に行動に移す「実行段階」です。目標の達成に向けて行動していく段階であり、行動の結果をふまえて、修正しながら再び行動を繰り返していきます。

5 維持段階

そして、最後に目標達成のための望ましい行動を継続していくのが「維持段階」です。目標が達成され、望ましい行動が習慣化されれば、一連の変化の段階が完了となります。

段階に合わせた対応でなければ無意味

これら5つの段階は、常に順番通りに一直線に進んでいくわけではありません。すぐに実行段階からスタートすることもあるでしょうし、実行したものの、熟考段階に戻ることなどもあります。各段階を行ったり来たりしながら、らせん状に進んでいくものです。

したがって、**親は子どもが現在どの段階にいるのかを見定めて、それに応じた対応をする必要があります**。

各段階に応じた適切な働きかけ（サポート）がされれば、次の段階にスムーズに移行していけます。

たとえば、変わる必要性を感じていない「前熟考段階」や変わるための行動を取ろうか迷っている「熟考段階」の子どもに対して、勉強の仕方のアドバイスをしたり、目標を示して、頑張れと叱咤激励しても意味がありません。

仮に一時的に勉強したとしても（実行段階に移ったとしても）、自発的な変化とはいえず、注意や叱責がなくなれば、即座に以前の段階に戻ってしまうでしょう。

「もっと自発的になってほしいのに…」
でも、親がアドバイスするのは
子どもの準備が整うまで待つべきです

「前熟考段階」で目指すことは、子どもに何かをさせることではありません。たとえば、「もっと勉強すること」や「生活リズムを整えること」によって、「どんなことが起きるのか」「どんな良いことがあるのか」を子ども自身が考えられるようにすることです。

そして、「変わったほうがいいのかな」「変わるとメリットがあるんだな」という気づきを子どもが持てるようにします。

そのために、まず何よりも大事なのは、「変えるべきこと」の話題を直球でぶつけないことです。

「勉強についてどう考えているのか教えて」「早寝早起きについてどう思う？」と軽く話題をふって、**あくまでも子ども自身の考えや気持ちを聞くことに徹してください。**

アドバイスしてはダメなのです。

子どもの「勉強したってどうせ無理だし」「早寝したって意味ないし」といった発言に対して、「大丈夫だよ、そんなことないよ」と訂正したり、「夜更かしは健康によくないんだよ」と正論をぶつけたくなりますが、そこはがまんしてください。

なぜなら**「正しいことを伝えれば人は行動を変える」わけではない**のです。

「熟考段階」では深入りせずに対話

もし、子どもが次の「熟考段階」に移って、「本当はもっと勉強したいんだ」といった希望や「早く寝られなくて困っているんだ」といった発言が出てきたら、それをくみ取って「もっと勉強できればと感じているんだね」「早く寝ることができたらいいと思っているんだね」と伝え返します。

そして、「もっと勉強をしたとしたらどんなことが起きるのかな?」「早く寝たら、どんないいことがあるかな?」と変化するメリットを一緒に質問しながら探っていきましょう。

子ども自身の口からメリットへの答えがでてこない場合は、それ以上深入りはせずに、「今日は勉強についての考えや気持ちが聞けてよかったよ。ありがとう。また今度聞かせてね」とねぎらいや感謝だけ伝えます。

そうすることで、次の機会につなげることができるのです。

「熟考段階」で目指すことは、**子どもが行動しなければならないとプレッシャーを感じることなく、「変化すること」についてじっくりと考えることができる対話を心がける**ことです。

ここでもアドバイスしないことがポイントです。そして、「変化しなければ」という気持ちと「変化したくない」気持ちの両方の感情に焦点を当てるようにします。
「『勉強したほうがいいという気持ち』と『勉強したくないという気持ち』があるんだね」と、「変化したくない気持ち」も取り上げて伝え返すのです。

「熟考段階」にいるあいだは、「疑わしいときは、変化するな」がモットーです。

そもそも、人間の脳は「現状維持バイアス」と呼ばれる作用が働き、変化することよりも現状維持を選択しやすいのです。そのため、「変化すること」のメリットとデメリット、また「変化しない現状維持」のメリットとデメリットを丁寧に比較して一緒に検討していくことが大事になります。

時間的な展望を加味することも効果的です。

変わることによる「長期的」なメリットと「短期的」なメリット、現状維持による「長期的」なデメリットと「短期的」なデメリットをそれぞれ考えていけるように子どもに質問してみてください。

「準備段階」になったらアドバイスを

次の「準備段階」で必要なことは、子ども自身が明確な目標を作って、それを達成するための計画を思い描くことです。

計画では長期的な大きな目標だけでなく、短期的で具体的な目標を作ることが重要です。**「勉強をしっかりとする」ではなく、「1日1ページ問題集をやる」といったように具体的な形で、実現可能な目標を作っていきます**。いきなり欲張らずに、最初の一歩はより小さくして、ステップを踏んで大きな目標に近づくようにするのです。

そしてこの段階で、やっと親のアドバイスが効果的になります。

目標達成に利用できる方法や選択肢を提示することが子どもにとって役に立ちます。

ただし、**目標を決めたり、それを達成するための方法はあくまでも子ども自身が選択することがポイント**です。

どうすればいいかはっきりしないときは、とりあえず試しにやってみて、行動するとどんな感じになるのかを知り、その結果をふまえてあらためて準備するようにします。

考えすぎてなかなか行動に移せない子どもは、準備段階はほどほどにして、とりあえずやってみることをおすすめします。一方、すぐに行動してしまう子どもは、一度立ち止まって、準備段階で目標や計画作りを丁寧にするよううながしてください。

さて「実行段階」に入ったら、計画を立てた行動をしっかり行えるように手助けします。この段階では、励ましたり、ほめたり、叱咤激励も効果的です。そして、実行した結果をともに振り返って検討してみることも忘れずに。

成果を目に見える形にすると、行動が維持されやすくなります。毎日の日課にすること、つまり、決まった時間、場所、手順で行うと、その行動が定着しやすく、習慣になります。また、目標達成に向けた行動を邪魔する行動（たとえば、勉強することに対してゲームやテレビ）が増えていかないように対策を立てることも大切です。

この段階をうまく乗り越えれば、いよいよ次は「維持段階」です。

維持段階までくれば、望ましい行動が習慣化されるよう子どもを見守り、後戻りしそうだったら、注意するなどしていけばいいのです。

ポイント

うちの子の「困った」はこうして解決

6

「もっと自発的になってほしいのに…」
でも、親がアドバイスするのは
子どもの準備が整うまで待つべきです

- 人の変化には5つの段階がある
- 段階に合わせた対応でなければ意味がない
- 親のアドバイスは子どもが「準備段階」に入ってから

Part

IV

これだけは
知っておきたい
親の心がまえ

「うちの子、ちゃんと自立できるか心配…」将来の自立に向けた準備は10歳頃からはじめるべきです

時代や社会情勢によって変わる「自立」

「自立」のイメージはどのようなものでしょうか。

たとえば、実家を出て、仕事をして、自ら生計を立てる、というイメージがあるかもしれません。就職し、経済面や生活面で独り立ちすること、つまり、自立とは「社会的自立」をすることだという認識は強くあると思います。

一昔前だと、家を出ることが確かに自立の第一歩だとのイメージがありました。ただ、現在の社会状況を見回すと、就職しても経済面の苦しさから実家暮らしをしている場合なども多くあり、実家暮らしが自立できていないことを意味しているとはいえません。

実家暮らしを選択し、親に食事や洗濯などの生活面を助けてもらうけれど、食費や光熱費などのお金は入れるといった場合もあります。単純に、住居費を貯金に回したいから実家暮らしを選択する人もいます。

このように、**社会的自立が意味するところは、その時代や社会情勢などによって変わっていく**ものです。

さて、親として子どもの自立を考えたとき、経済面などの社会的自立だけを目指せばいいのかというと、単純にそれだけではありません。

たとえば、就職して経済的には独り立ちできているのに、親と離れて暮らすのがさびしいから実家で暮らすという場合はどうでしょうか。

食事の用意や洗濯・掃除など家事をするのがめんどうくさいからという理由で実家にいる場合はどうでしょうか。

一人暮らしをしていても、毎晩親と長電話している、重要な決断をいつも親に決めてもらう、失敗の尻拭いを親に頼むというようなケースもあります。このように、社会的には自立をしているようでも、心理的には親離れできていない人もいます。

親が子どもの自立を考えるときは、**「社会的自立」だけでなく、「心理的自立」についても考えることが必要**なのです。

現代は早めに「心理的自立」の準備を

心理的自立とは、「自分のことは自分で決める、自分で決めたことは自分で責任をとる」姿勢を指します。

ただし、なにがなんでも一人でやることではなく、助けが必要なときは適切な形で支援を求め、逆に助けが必要な相手がいたら支える協力関係を築く姿勢でもあります。

「うちの子、ちゃんと自立できるか心配…」
将来の自立に向けた準備は
10歳頃からはじめるべきです

親に対してもまったく頼らないのではなく、必要なときは助けをうまく借りながら、ギブアンドテイクの関係を維持していく力です。

現代の社会情勢として、社会的自立の面では、どうしても親に頼らないといけないケースも多く、するとそれだけ心理的自立も難しくなっていきます。ですので、いまの時代は親子そろって心理的自立を意識し、早い段階から自立に向けて準備をしていく必要があるといえます。

では、いつぐらいから準備をはじめればいいかというと、**前思春期の10歳頃が目安**です。この頃は思春期に入る前の、いわば大人になるための入り口に立ち、それ以前の子ども時代から変化していく時期です。

10歳以前は大人の言うことを素直に聞いたり、学校のことをなんでも話してくれる、ほめると単純に喜ぶなど、〝子どもらしい〟時期といえます。しかしそれが徐々に学校のことをあまり話さなくなったり、質問に対して「フツー」「別に」「どうせ」「めんどくさい」などの返答が多くなったり、ほめたりおだてたりしても乗らなくなったりと、だんだん変化していきます。

その頃、子どもは相対的な視点でものごとを見ることができるようになり、自分と他者の違いを意識しはじめたり、都合の悪いことはうまくごまかしたり、ウソをついたりします。

大人から見ると素直さがなくなったと思える一方で、少しずつ大人に近づいてきているなと実感していく時期といえるでしょう。

「ほめる」から「認める」へ

前思春期に、それまで通りのかわいらしい、親の言うことを素直に聞く、子どもらしい子どもで居続けるよう求めることは、子どもの自立に向けての動きをくじけさせることになりかねません。

そうならないためには、**子どもの成長（変化）に合わせて、親の関わり方も変化させていく**必要があります。

1 「ほめる」から「認める」「勇気づける」へ

「勉強しっかりやってえらいね」「テストで90点取ったなんてすごいね」などのほめ言葉は、子どもへの評価であり、条件つきのメッセージでもあります。

前思春期期の子どもは、他者と自分を現実的に比較することができるようになってくるため、自分よりも優れている人はたくさんいることに気づいていきます。

また、「勉強しっかりやらなかったら、えらくないんだ」「90点以下だったらダメなんだ」とメッセージの裏を読んで受け取るようにもなります。

そのため、**評価的なほめ言葉よりも、本人の行動や考えを認めることが大切**になります。具体的に何かをほめるというより、「いまのままで大丈夫」「うまくいくと信じているよ」というスタンスを示すことが大事になります。

子どもが何かに失敗したり、挫折したりしたときに、結果がどうであれ親は応援しているスタンスを崩さないことが、失敗を恐れずに挑戦していく勇気を育んでいきます。

結果だけを親の価値基準で評価する、ほめるというスタンスではなく、子ども自身が考えて自己決定し、試みたことを認めるようにするのです。

たとえそれが失敗するとわかっていても、失敗体験をさせるつもりで見守る姿勢も求められます。基本的には「耳は貸すけども手は貸さない」ことが、子どもの主体性を育むことにつながります。

目指すところは、「言われるからやる」他律から「自らやる」自律です。**親がなんでもかんでも手取り足取り先回りしてやってしまわないことが大切**です。

2　正直さを求めることから、秘密を認めるように

この時期は、親といる時間よりも友だちと過ごす時間が大事になり、子どもだけの世界が徐々に広がっていきます。

大人が干渉してこない世界だからこそ、子どもたちはいろいろなことに挑戦し、さまざまな体験することができます。その中で協力し合うことなどの社会性を育んでいきます。

親としては、友だち関係でのやり取りをすべて何から何まで聞こうとせず、**親がいる世界と異なる子どもの世界を尊重すること**が子どもの自立につながっていきます。

親に対して隠しごとをするなど秘密を持つようにもなりますが、それは子ども自身が自らの世界を生きはじめている証しでもあります。

3　「来るもの拒まず、去るもの追わず」の関係に

中学生になると（早いと小学校高学年から）、本格的に思春期に入っていきます。これまで親や先生などの大人から教わった価値観や生き方に対する疑問や批判を通して、親とは異なる「個としての自分」を新たに作っていく時期になります。

それに向けての変化は、大人の視点からは「反抗期」ととらえられますが、子どもの視点では、反抗はあくまでも自分自身の意志や感情の表明であり、まさに「自立期」ととらえられます。

とはいえ、まだまだ甘える面もあり、ときには親に頼って、次には突っぱねるなど、自立（反抗）と依存（甘え）を行ったり来たりします。

親としては、子どもの日替わりで変わる態度に一喜一憂することなく、「来るもの拒まず、去るもの追わず」のスタンスで、ぶれずにいることが大事です。**親の動じない、ぶれない姿勢があることで、子どもは安心して反抗しながら、自立に向かって歩めます。**

4 親自身の親子関係以外のつながりを大事に

親がまったく無関心になって、突き放すのではなく、また過干渉にならない、ほどよい親子間の距離感を保つことが大切なのですが、なかなか難しいものです。

そこで大事になってくるのが、親自身の親子関係以外のつながりです。親が子どもとの関係だけで生活をしていると、どうしても関係が密になりやすく、距離を適切に保つのが難しくなります。

そのため、**親子関係よりも夫婦関係、友だち関係、仕事とのつながりなどを優先していくことが必要になってきます。**

とくに夫婦関係においては、これまで夫と妻という関係性よりも、子どもを中心にした父親と母親という関係性に重きがあったと思います。それを、お互いに親という役割を降りた間柄に戻していきます。

子どもが巣立ったあと、残された親は夫婦という二者関係に戻ります。親子関係よりも難しいのが、夫婦関係であると言われます。「熟年離婚」を予防するうえでも、あらためて2人の関係に戻り、それをお互いにとって心地の良いものにしていく準備をはじめておくことをおすすめします。

父親、母親が1人で子どもを育ててきた場合には、夫婦関係がないぶん、親子関係よりも友だち関係や仕事でのつながりなどの比重をこれまで以上に高めていくようにしてください。

5 親は「個としての自分」を生きることが必要

子どもが巣立ったあとに、自分の一部がなくなったかのように感じ、さびしさと空虚感を抱いてしまう「空の巣症候群」にならないために、親自身が「個としての自分」を生きていくことも必要になります。

子どもが自立をはじめようとする時期から、あらためて自分自身の自己実現を考えていく準備もおすすめします。**親が個としての自分自身の人生をいきいきと過ごしている姿は、子どもが自立へ向かう大きな道しるべとなる**はずです。

子どもの自立を妨げる「共依存関係」

さて、親が子どもへの関わりを変化させるのに失敗してしまった場合、親子間の距離感が近すぎることで子どもの自立を妨げてしまうケースがあります。

これを「**共依存関係**」といい、**親と子どもがべったりとくっつき、お互いが離れられない関係**にはまってしまうのです。

この関係になってしまうと、当事者どうしはなかなかその関係性に気づけなくなります。そして共依存関係が長期化・慢性化すると、親子関係のゆがみのサインとして、子どもが不登校や問題行動を起こしたり、摂食障害やパニック障害といった心の病気になってしまうことがあります。それは親子関係に対する子どもからのSOSといえます。

親子関係が共依存関係にならないように、まずは、親自身が自分自身を客観的に見つめなおしておくことが大切です。

以下は、共依存関係にはまりやすい親の傾向です。自分にその傾向がないかチェックして、みましょう。

□ 子どもが自分の人生のすべてと考えている。子どもの人生だけに生きがいを感じている。

□子どもはか弱い存在だから、自分が助けてあげないといけない。子どものためなら、どんな犠牲もいとわない。

□子どもから反抗されると、傷ついたり、ダメな親だなと感じてしまう。

□夫や妻よりも、子どもが何よりも大事で大切で好きだ。子ども以外に楽しみがない。

□自分自身の時間を過ごすことに、罪悪感を抱いてしまう。

子どもが自分のもとを離れ、少しずつ自立していく姿を見るのは、親としては喜びであると同時に、まるで自分の一部を失うようなさびしさがあると思います。これまでしっかりと子どもに寄り添ってきたからこそ感じるさびしさなのでしょう。

そのさびしさを子どもが自立している証しとしてとらえ、うれしさに変えていければ、そこにきっと幸せを感じられるはずです。

ポイント

これだけは知っておきたい親の心がまえ

1

「うちの子、ちゃんと自立できるか心配…」
将来の自立に向けた準備は
10歳頃からはじめるべきです

- 心理的自立の準備は10歳頃からはじめる
- 親も子どもへのかかわり方を変化させていく
- 共依存関係にならないよう自己チェックを

これだけは
知っておきたい
親の心がまえ

2

「怒ってばかりの自分がイヤ…」
怒りと上手に付き合うことは
子育てにプラスに働きます

誤解されている怒りの感情

子育てをしていて、子どもに対してイライラや怒りを感じない親はいないと思います。怒らないようにしようと決めた矢先に、また怒鳴ってしまった、などという経験はたくさんあるのではないでしょうか。

また、子どもがかんしゃくを起こすこともあると思います。子どもが怒っているのをやめさせようとしたら、逆にますます怒りだし、それに対して親自身も逆上してしまうなど、親子間での怒りの応酬が頻繁で困っている方も少なくないはずです。

「怒り」は扱うのに厄介な感情で、できれば感じたくないと思っていないでしょうか。しかし、本来、感情そのものに良し悪しはなく、喜怒哀楽すべてが大事なものです。抱いてはいけない感情などというものはありません。

当然、怒りも大切な感情です。

ここで**必要なのは「感情」と「行動」を分けて考えること**です。怒って大声で怒鳴るイメージは、怒りの感情とその後の行動や表現を同じものとしてとらえています。けれど、心の中でわき起こる感情と、それをいかに行動に移すか、表現していくかは別物です。

つまり、**怒りの感情がいけないのではなく、その後の行動や表現が問題**なのです。

たとえば、大きな声を出さなくても怒りの気持ちは伝わります。

いつもの声のトーンで「そう言われると不愉快になるので、やめてください」「約束を守ってくれなくてがっかりした」と冷静に話すことでも、自分の怒りを相手に伝えることができます。

「自分はいつも大声で怒る」というのは、かなり自分勝手な思い込みで、それまで生きてきた環境の中で身につけてきたやり方でもあるのです。

怒りと上手に付き合っていくには、まずは**「怒りの表現」についての自分のイメージを変えていく**必要があります。それによって適切な表現ができるようになります。

怒りは状況を変えるためのエネルギー

感情には、何かを知らせる機能があります。

たとえば、「不安」は安全ではないサインであり、身に危険が迫っていることを知らせてくれます。

「悲しみ」は、何かを失ったサインであり、喪失したことを知らせてくれます。

「怒ってばかりの自分がイヤ…」
怒りと上手に付き合うことは
子育てにプラスに働きます

では、「怒り」は何を知らせてくれるのでしょうか。それは、「何かがうまくいっていない」ことを知らせてくれます。

こうあってほしいと考えていた状態と現実のズレを示すサインであり、その状態をなんとかしたいと考えるときに生じる感情が「怒り」です。

たとえば、宿題をやらない子どもに腹が立つ場合、子どもが宿題をやってほしいという状態と目の前の子どもの行動にズレが起きているからです。

親として、子どもに宿題をやってほしいのに、うまくいっていない。このズレを何とかしなければと考えればイラついてきます。もともと宿題をやらなくてもいいと考えているならば、ズレはないので腹も立ちません。

このように、**怒りとは何かがうまくいっていないサインであり、別の視点でいえば、自分が困っていることを示す感情**だということです。

自分がイラついてきた場合、「何がうまくいっていないのだろう？」「自分は何に困っているのだろう？」と考えてみることが、感情に流されずに行動するコツです。同様に、子どもが怒っている場合、「何に困っているのだろう」と冷静に観察してみます。

こうやって考えると、怒りはただ抑え込まなければいけない厄介ものではないことがわかるはずです。むしろ、**怒りは、困った状況を変えていこうとする前向きなエネルギー**なのです。自分の思いや願い、希望を実現していくための大事な感情でもあるのです。

ですから、上手に付き合うことができれば、怒りはプラスに転ずることができます。子どもが怒っているときは、いわば学びのチャンスです。その怒りのパワーは成長につながるからです。わが子が怒っている状況で、親も同じく腹を立てて、怒りに支配されてしまったら、子どもをうまくサポートできません。親が落ち着いて向き合う姿勢が必要なのです。

怒りの背後にある〝本当の気持ち〟

怒りと上手に付き合っていく手法を「アンガーマネジメント」といいます。

アンガーマネジメントは、①自分の怒りの感情の示すものに気づき、②怒りの感情をうまくコントロールして、③適切な形で表現できるようになる、ことを目的としています。

実行あたっては、まずは**怒りの背後にある気持ちを見つけること**が大事です。

怒りの背後には、いろいろな気持ちが隠れています。

たとえば、自分が大切にされなかった、悪口を言われて傷ついたという「悲しみ」。自分の気持ちをわかってもらいたいのに、わかってもらえなかった「孤独感」。何とかしてもらいたいという「期待感」、その期待が外れた「失望感」。うまくいかない「挫折感」が隠れていることもあります。

また、自分自身に対する「不甲斐なさ」という場合もあるでしょう。これらのように、怒りの背後には、たくさんの〝本当の気持ち〟があります。

怒りを感じたときに**「あっ、いま自分はイラついているな。この怒りの感情は私に何を教えようとしているのかな。背後にはどんな気持ちが隠れているのだろう？」**と自問しながら、怒りの感情と対話をしていくと、〝本当の気持ち〟が見つけやすくなっていきます。

そして、〝本当の気持ち〟が見つかれば、おのずと怒りは鎮まっていきます。

多くの親にとって、子育てのなかで怒りが強くなっていくのは、期待通りにならない子どもに対するイライラです。

「早くしてほしいのに（しない）」「やってほしいのに（やらない）」「してほしくないのに（やる）」など、子どもに対する「期待感」、それが裏切られた「失望感」が怒りのもとになります。

また、理想的な子育てができていない自分自身に対する「不甲斐なさ」を子どもに怒りとしてぶつけてしまうことも少なくありません。

このような場合、**目の前のわが子に対する期待が現実的なものであるのかを冷静に考える**必要があります。

イライラしたり怒りを感じたときにこそ、相手（子ども）に対する期待値を下げてみる。あくまで同年齢の子どもたちを基準に考えるのではなく、目の前のわが子だけを見て考えることです。

完璧な人間がいないのと同じく、完璧な親もいなければ、完璧な子どももいません。**子どもへの期待をあきらめることも大事な子育てのプロセス**です。

あきらめるという言葉から、ネガティブな印象を受けるかもしれませんが、「諦める」とはもともと仏教用語であり、「明らかに物事を見定めること」の意味でした。

親が思い描く理想の子どもを見るのではなく、目の前にいるそのままのわが子を見る。期待とあきらめ、そのバランスが肝心です。

子どもの怒りをおさえつけないこと

では、子ども自身の怒りに対しては、親はどのようにかかわればいいのでしょうか。

怒りは大事な感情であることを思い出し、焦らずに対応することがまずは基本です。

親が「子どもの怒りを何とかしなければ」と焦れば焦るほど、逆に怒りを増幅させてしまいます。声を大きくして「落ち着きなさい」などと言わない、同じように感情的にならない、怒っていることを責めたり、子どもが訴えている内容で議論や対決をしないことです。

また、体をおさえつけたり、抱きしめるなども余計に怒りを強めてしまいます。

怒っている状態では「どうして怒るの？」と尋ねることも禁句です。怒りの背後にある「困っている感じ」を一緒に確認していくのは、あくまでも相手が落ち着いてからです。

怒っているときに、その理由を尋ねたところで、頭に血が上っていて、考えたり話したりすることはできません。

まずは、「怒っているんだね」「腹が立っているんだね」と怒りの感情を認め、受け入れてあげます。その際、**穏やかに、ゆっくりと、語尾を下げて伝える**ようにしてください。

感情は、自分あるいは他者にわかってもらい、受け入れられたときに、すーっと自己主張をやめて落ち着いていきます。逆に、感情を認めずに否定しようとすると、感情は気づかせようと頑張り、ますます強まってしまうのです。

怒りの気持ちをくみ取ってもらい、共感してもらえたとき、ある種の心地のよさが生じます。その心地よさが、怒っている状態から「間」をとることを可能にします。つまり、ふっと冷静になるチャンスができるのです。

そのときに、深呼吸をしたり、体の力を抜いたり、体を動かしたり、場所を移動したりすることで、怒りの感情はクールダウンしていきます。そして、落ち着いてから、一緒に怒りの感情の背後にある「困っている感じ」を見つけてあげてください。


このように、**まず周囲の大人が子どもの怒りの感情を受け入れ、言葉によって共感してあげることによって、怒りの感情を上手にコントロールする力が育まれていきます。**

そして、その背後にある自分の「困っている感じ」を言語化することで、怒りを表現する力も養われていきます。

子どもが怒りを示したときに、「そのくらいで怒って」などと評価してしまうと、怒りの感情自体を悪いものだと意味づけてしまい、我慢し、表現しなくなります。怒りの感情は簡単に消えないので、その場合、しだいに心の中に溜まっていき、いつしか心身に弊害をもたらしてしまいます。

子どもにとって、どのような感情も素直に表現できることは、心身の健康や心の成長のためにも大事なことです。怒りの感情を承認してくれる環境、つまり、**怒りと付き合ってくれる親がいてくれてこそ、子どもも仲良く怒りと付き合うことができる**のです。

ポイント

これだけは
知って
おきたい
親の
心がまえ

2

「怒ってばかりの自分がイヤ…」
怒りと上手に付き合うことは
子育てにプラスに働きます

・怒りが悪いのではなく、行動や表現の仕方が問題

・怒りの背後にある〝本当の気持ち〟を見つける

・子どもの怒りにはまず共感。「困っている感じ」を言語化してあげる

ほめても自己肯定感は育ちません
ただ見守り、評価しない環境が
子どもの自己肯定感を高めます

ほめても自己肯定感は育ちません
ただ見守り、評価しない環境が
子どもの自己肯定感を高めます

失敗しても立ち直れる子、何が違う？

何か失敗したとしても、それを前向きにとらえ、すぐに立ち直る子どももいれば、ちょっとした失敗でもひどく落ち込み、なかなか立ち直れない子どももいます。

また、失敗を恐れずにいろいろなことに挑戦する子もいれば、すぐ尻込みして逃げてしまう子もいます。

ほめられたり、良い結果が出せているときは自信があるのに、叱られたり、悪い結果になったら自信を失ってしまう子どもがいる一方で、うまくいかないときでも自信を保っている子どももいます。

これらの違いはどこからくるのでしょうか。

その大きな要因の1つは、「自己肯定感がどのくらい育まれているか」です。

「自己肯定感」とは「自分は自分でいい」と思える気持ちです。自分という存在を〝あるがまま〟に肯定するということです。

ただし、自己肯定感は、自分をなにがなんでも肯定するようなポジティブシンキングとは違います。あくまでも、自分の嫌いな部分もあるがままに見つめて、それを受け入れて共存していく姿勢です。

否定を無理に肯定しようとせずに、ダメな自分がいても「まあ、しょうがない。ともに歩んでいこう」とするスタンスです。つまり、自分のマイナス面を否定しません。また、自分の優れた部分を誇りに思うことでもありません。あくまでも、良い面も悪い面も含めた「等身大の自分」を「そんな自分でいい」と思えることです。

自己肯定感は空気のような存在で、ふだんはあまり意識されません。けれど、何か問題が起きたり、失敗したとき、その存在が大きくクローズアップされます。

自己肯定感が高い子どもは、「ダメな自分でも大丈夫」と思えるため、たとえうまくいかないことが起きても、「まあ、こんなこともあるよね」「なんとかなるさ」という感覚を持てます。

一方、自己肯定感が低い子どもは、「ダメな自分ではダメだ」と自己否定的に考えてしまうため、失敗した自分にとらわれ、切り替えることができません。

自己肯定感は、自己表現の仕方や他者との付き合い方にも大きく影響します。

高い自己肯定感を持つ子は、自分自身の抱く考えや感情を尊重できるために、他者に対して素直に考えや気持ちを表現することができます。そして、他者の考えや気持ちも尊重することができ、対等な関係を築いていくことができます。

一方、**自己肯定感が低いと、自分は大切な存在だと思えず、「どうせ言っても聞いてもらえない」と自己表現ができません。自分よりも他者を優先し、いつもどこかで自己を抑制してしまうため、対人関係で気疲れしてしまいます。**

このように、自己肯定感があると生きていくうえで非常に楽になります。

とくに思春期の子は他者の目が一層気になりはじめます。そして、他者と比べて自分の劣っている面に意識が向きやすくなります。思春期は誰にとっても「生きづらさ」を抱える時期といえますが、だからこそ、思春期までに自己肯定感をしっかりと育んでおけば、「生きづらさ」を乗り越えやすくなります。

ほめて高まるのは条件つきの自尊心

自己肯定感はどのようにしたら育むことができるのでしょうか？

「子どもをほめることが大事」「ほめる子育てがいい」とよく言われています。たしかにほめること自体は決して悪い行為ではないのですが、ほめることによって自己肯定感は高まりません。

多くの親にとって子どもをほめるのは、何かがうまくできたり、良い結果が出たりしたときです。子どもからすれば、何か良い行動や良い結果を出したときにほめられることになります。

この場合、ほめる行為は、子どもの行為が良いかどうかの評価をしていることになります。すると、今後はその良い評価が下がらないようにというプレッシャーを感じはじめます。

子どもは親からの評価を下げないこと（期待を裏切らないこと）だけに注意が向き、悪い結果を出さないか、失敗しないかどうかばかりを心配します。

その結果、良い評価によって育まれるのは、たとえば「良い点数を取ったので、自分は価値ある存在だ」といったような「条件つきの自尊感情（自尊心）」といえます。

すると、逆に条件が悪いものになってしまったら、「悪い点数を取ったので、自分は価値がない存在だ」と自尊感情も低くなってしまいます。

たしかに**ほめられると一時的に自尊感情は高まりますが、あくまでもそれが持続するのは良い評価を得られているあいだだけ**であり、ほめられなくなったとき、つまり評価が下がったときに自尊感情も低くなってしまうのです。

こうして、ほめられない自分、ほめられることのない自分のマイナス面は、尊重されることなく否定され続けてしまいます。

条件つきの自尊感情は、他者の評価に基づく自分の良い面だけが土台になって築かれています。そのため非常に不安定で、他者の評価によって大きく左右されるのです。

「それでも自分には価値がある」

一方、自己肯定感は、「こうあるべき」という理想的な自分や、「こうあってほしい」という他者から期待される自分ではなく、〝等身大の自分〟に対して、「まあ、自分は自分でいいかな」と肯定的な感情を抱くことです。

等身大の自分であるからには、良い面だけでなく、自分の悪い部分、できないことも含めて、それを自覚したうえでのマイナス面を受け入れています。

「○○だから、自分は価値がある」ではなく、「○○できなくても、それでも自分には価値がある、自分は自分でいいと感じる」ということです。

そのため、自己肯定感の土台は、自分の良い面だけでなく、悪い面も含めたものになっています。それだけ安定感もあり、他者の評価に左右されることがありません。

親が積極的に子どもをほめ、強みや得意なことなどのプラス面を認識させることはもちろん大事なことです。

しかし、もっと大切なのは、子どもが自分の弱みや欠点といったマイナス面を受け入れていくことです。それが、挫折や失敗を乗り越える力となり、恐れずに挑戦する勇気を与えてくれるからです。

また、自分の嫌いな面を許せる心があると、他者の嫌な面も許容しやすく、尊重できるようになります。自分に優しくできることによって人にも優しくできるのです。

自己肯定感を身につけさせようと、直接子どもに対して「自分を肯定できるようにならなければいけないよ」と言っても意味がありません。それではむしろ、「自己肯定できない自分」を否定してしまうことになります。大人が一生懸命に自己肯定感をつけさせようとすればするほど、逆に自己否定感を強めることになりかねないのです。

あくまでも**自己肯定感は、「子ども自身の中でおのずと伸ばしていく力」であり、「親が伸ばすことができる力」ではない**と知ってください。

子どものために親にできることは？

では、子どもの自己肯定感を高めるために、親にできることは何でしょうか。それは、そうした気持ちを育てるための環境を整えてあげることです。

ほめても自己肯定感は育ちません
ただ見守り、評価しない環境が
子どもの自己肯定感を高めます

自己肯定感とは、自分の存在そのものが大事に感じられる感情です。したがって、**育まれやすい環境は「自分が無条件に受け入れられている」と実感できる場**。具体的にどのような環境なのかピンとくるでしょうか。

無条件であるということは、「評価されない場」であるということです。

また、「自分の考えや感情が飾らずに素直に出せて、尊重される場」でもあります。

ここで、「それってわが家と同じだ」と思った親御さんは、もうそれだけでお子さんの自己肯定感が育まれているはずです。

一方、「わが家はそのような居場所になっていないかも…」と不安に思ったとしても心配はいりません。

そもそも大人がいる世界で子どもの自己肯定感を育むのは難しく、**むしろ大人が関与しない、子どもたちだけの世界で育まれる**ものです。評価する側・される側といった関係ではなく、仲間どうしがお互いに自分の考えや気持ちを率直に言い合い、共有できる関係の中で育っていくのです。

もし、親が子どもの自己肯定感に関与したいのなら、大人のメガネをはずして、〝子どもを評価しない、自分の考えを言いやすい〟環境を家庭の中に作ることが肝心です。

それには、〝積極的に働きかけず、ただ子どもを見守る〟姿勢が求められます。積極的に働きかけないというのは、親にとっては難しく、勇気のいることかもしれません。けれど、**「ほかの子がもっとできようが関係ない。うちの子はうちの子、大丈夫」「この子はこのままでいい」**と心から思えばこそ、子どもを見守る眼差しが、子どもの自己肯定感を育む大きな力になるのです。

最後に、子どもが挫折をしたり、うまくいかずに苦しんでいるときこそが、わが子の自己肯定感を育むチャンスです。

そのときに親がすることは、苦悩している子どものそばにいてあげる、それだけです。安易な口出しやアドバイスをせずに、たとえ、子どもが自分をダメだと思い苦しんでいても、子どものマイナス面がどっと目の前に出現したとしても、いつもと変わらずに親としてただそこにいてあげる。そのような存在が、「あなたはここに存在してよいのだ」という安心感を与えることになります。

ポイント

これだけは知っておきたい親の心がまえ

3

ほめても自己肯定感は育ちません
ただ見守り、評価しない環境が
子どもの自己肯定感を高めます

・自己肯定感は単なるポジティブシンキングではない

・ほめることで育つのは条件つきの自尊心

・親がするべきは、評価せずにただ寄り添うこと

4

これだけは知っておきたい親の心がまえ

「いまどきのいじめが心配…」
SOSサインの見つけ方と
親のかかわり方を知っておきましょう

加害者と被害者だけの問題ではない

たびたびいじめによる子どもの自殺問題が起き、マスメディアで取り上げられます。いじめがクローズアップされるたびに、わが子も被害にあわないだろうかと不安になることもあるかもしれません。

2013年には「いじめ防止対策推進法」が成立し、施行されました。この法律により、学校は「いじめ防止基本方針」を立て、いじめ防止のための組織を設置することを義務づけられています。しかし、それ以降も残念ながら、いじめは起きています。

いじめ問題について、被害者や加害者、そして学校の事後対応に注目しがちですが、いじめは単純に被害者と加害者とのあいだだけで起きているわけではありません。

基本的にいじめは、教室という集団内（クラス）で起きますが、その集団内には、被害者と加害者だけでなく、**「観衆」**や**「傍観者」**という存在がいます。

「観衆」とは、いじめが行われているときにその周囲ではやし立てる者です。いじめの行為に直接加わることはしなくても、いじめ行為を楽しみ、加害者を助長してしまう存在です。

また、「傍観者」とは、いじめ行為自体は、良くないことだとわかってはいるものの、そのまま見て見ぬふりをしてしまう存在です。多くの傍観者たちは、いじめを止めたい、なくしたいと思っています。しかし、もしやめるように声をあげたら、自分が次のいじめのターゲットになってしまうのではないかという不安のために、発言できずにいます。

いじめは、「被害者」「加害者」「観衆」「傍観者」という4層構造の中で起きています。これらのことをふまえて、教育現場では、「いじめをおもしろがったり、見て見ぬふりすることなく、NOと言える子ども」「いじめを認めず、解決できる子ども」に育てることを目指しています。

いじめへの対策として一番大事なことは未然防止です。いじめが起きてからではなく、いじめが生じないようにする予防的なアプローチです。あるいは、いじめが起きたとしても、エスカレートし、長期化する前に解決を図ることです。

そのためには、いじめを止めようとする「**仲裁者**」を増やすことが大事になります。いじめを見かけたら「観衆」や「傍観者」になるのではなく、「仲裁者」になれるようにしていくことが大切なのです。

いじめを止めるのは「仲裁者」

調査によると、加害者がいじめを止めた最大の理由として、同級生から「いじめはよくない」「相手がかわいそうだ」「いじめをやめなよ」と言われたことが挙げられています。小学校高学年から中学生、高校生の世代は、大人よりも同年代からの仲裁に強い抑止力があります。「いじめが親や先生に見つかって叱られるのが嫌だから」などの打算的な理由でいじめをやめることは、残念ながらあまり多くありません。

むしろ、いかに子どもたち自身が、いじめの不当性に気づいて、主体的に止められるかがポイントなのです。

「仲裁者」であるクラスメイトからの制止によって、加害者自身がいじめの不当性に気づき、さらに被害者の気持ちにも気づくことによって、いじめをエスカレートせずに、解消させることができるようになります。

多くのいじめの被害者も、友だちやクラスメイトから止めに入ってほしいという気持ちを強く抱いています。だからこそ、信じていた友だちやクラスメイトが「傍観者」になってしまうことは、加害行為を受ける以上に、つらいことになってしまうのです。

ただ、誰もが傍観せずに「仲裁する」行動をとれるかというと、難しいのも現実です。なぜなら、思春期の子どもたちの集団では、みんなと違う行動は排除されやすく、同調圧力が強くなるからです。

クラス内で、「加害者」や「観衆」が多数派であれば、その周囲にいる人たちには多数派の同調圧力がかかり、「傍観者」になってしまいやすいのです。

大人がお手本を見せる

いじめが生じる背景には、同調圧力だけでなく、子ども時代からの過度な競争意識や自分に対する評価への不安もあります。

現代の子どもたちは、常に評価される立場に置かれているために、他者からの評価に敏感になり、低評価に対する不安を抱きやすいのです。

近年は、それに加え、「スクールカースト」「陽キャ」「陰キャ」などという言葉が子どもたちの世界にも広まり、子どもが自分の教室内での序列を強く意識するようになっています。同年代どうしでも上下関係を過度に気にし、自分の立場がより下に落ちないように、周囲に気を配り、全体の空気に合わせます。

何か教室内で異質な行動（空気を読めない行動）をしたら、上位の立場からより下位に転じてしまうかもしれない恐怖と常に戦っている状況に近いのかもしれません。

いじめを防ぐことのできる**「仲裁者」増やしていくには、まずは大人が変わっていかなければなりません。**

社会全体に「スクールカースト」という言葉と同様、「勝ち組負け組」「格差社会」など、上下関係を意識させる言葉があふれています。みんな同じ地平線上にいて、ただ興味や関心、価値観、目標が異なり、それぞれ進む方角が違うだけであるのに、上下関係（序列）でしかものごとをとらえられないのは、非常に狭いものの見方です。

人間の多様性を尊重し合い、その中で各々の個性（異質性）を活かしていく視点を大人が持ち、子どもたちを見守っていく姿勢が強く求められているはず。まずは、親が勝ち組や負け組といった狭いものの見方で子どもを評価していないかを振り返ることが大切です。

そして、大人がいじめをしないお手本を見せることです。人に対するやさしさを示す、困っている人がいたら押しつけがましくならないように手助けを申し出る。また、自分の子どもに対しても、共感を示し、否定ばかりしないことです。そのような姿勢を子どもたちに見せることで、相手を思いやる気持ち（共感性）が育まれていきます。

いじめの加害者は世代間伝達するという研究報告があります。親がいじめをしていた場合、その子どももいじめをする可能性が高いそうです。親のふるまいを子どもはよく見て、学んでいるのです。

相手の痛みがわかる共感力のある子どもや自己肯定感の高い子どもはいじめをしません。他者からの評価に関係なく「自分は自分でいいんだ」と思えるため、周囲でいじめが起きたときにその不当性に気づき、勇気を持って仲裁することができます。

はっきりしない段階から対応

いじめ対応の基本は、早期発見、早期対応、早期解決です。発見が遅れるほど、子どもはしんどい思いを重ねてしまい、長期になればなるほど心にダメージを受けてしまいます。いじめは隠蔽が本質的につきまとうため、大人にはなかなか発見しづらい面がありますが、いじめ受けているときに子どもが示すSOSのサインがあります。

1 言語でのサイン

「つらい」「学校に行きたくない」などと言い、登校を渋るなど、学校がつらいことを言葉に出して訴えます。

その際、**「いじめられていると自分から言う子どもは、たいしたいじめを受けていない」**

という考えは大きな誤解です。しっかりと、子どもの声に耳を傾ける必要があります。

2 症状でのサイン

腹痛、食が細くなる、下痢、食べても吐いてしまうなどの消化器系の症状や頭痛、不眠、過呼吸、体のだるさを訴えるなど、身体的な不調が表れます。

3 行動でのサイン

交友関係の変化、帰るのが急に遅くなる、高額なお小遣いを要求するようになる、持ち物をなくしたり、学用品が壊れていることが増えるなど、行動パターンが急に変わります。また、身体的被害を受けているのを隠そうとし、着替えをできるだけ見られないようにする、服が破れたり汚れが目立つ、ボーっとしていることが増える、家庭で反抗的になったり八つ当たりが多くなる、年下のきょうだいをいじめるといった変化もサインです。

以上のようなSOSが出たら、「最近、学校どう？　つまらなそうなんだけど、気のせいかな？」とさりげなく学校の話題をふってみて、その反応を観察しながら、タイミングをはかって、「自分がいじめられているんじゃないかな、なんて思うこともある？」と尋ねてみてください。

うなずいたり、「そんなことないけど、最近、友だちがあまり話しかけてくれなくなったかも」などと答えた場合、いじめが起きている可能性があると判断してよいと思います。いじめられた子は、自分がいじめられているということを認めるのは非常に恥ずかしい、情けないと思っています。そのため、軽めに表現することが多いです。

また、「いじられキャラ」として自分のポジションを保っている子は、なおさら自分がいじめにあっているということを認めづらいものです。

したがって、「軽めの表現だから大丈夫だろう」と安易に判断するのではなく、**いじめかどうかはっきりとしない段階から、積極的に学校と連携していくことが大切**です。周囲の大人たちが敏感に子どもどうしの雰囲気をくみ取って、なにかしらのアクションをすることで、深刻ないじめを防ぐことができます。

もしも、子どもからの勇気ある告白を聞いたときは、しっかり受け止めてください。その際、

「気にしないようにすればいいんだよ」

「もっとあなたが強くなればいいのよ」

「あなたにも悪いところがあるんだよ」

の3つの言葉は絶対に言ってはならない禁句です。

その子にたとえ欠点や短所があったとしても、いじめられるような非はまったくありません。欠点や短所があるということと、いじめられることはまったく別の問題です。それをはっきり区別して対応していく必要があります。

いじめ問題はチームで解決する

子どもといじめ被害を共有できたら、子ども自身の安全安心を第一にしながら、学校と協力して具体的な対策を検討していくことが必要です。

いじめは、親だけでは決して解決できません。

現代のいじめ問題は、これまで述べたように、「被害者」と「加害者」の関係だけでなく「観衆」や「傍観者」の存在もあり、さらにLINEやツイッターなどのSNSによるネットいじめも多くなっており、単純にクラス担任の力だけで対応できる範囲をこえつつあります。

だからこそ、いじめを解決していくためには、家庭と学校で協力し合い、チームを結成していく必要があります。

加害者だけにアプローチしても効果は少なく、クラス単位、さらには学年、学校全体といった子ども集団へのアプローチが必要になります。さらに、加害者の親だけでなく、観衆や傍観者になっている子どもの親も含めた、保護者全員が問題意識を持つことも大事です。うちの子はいじめられていないから関係ないと傍観者にならないでほしいのです。

もし、クラスメイトがいじめられていると子どもからの訴えを聞いたら、ぜひ他人事にせずに、いじめ問題として向き合ってください。子どもたちが安心して学校生活を送れるように何ができるのかを、教師集団と対話を通して知恵を出し合うことが、早期に改善に向かう力になります。

学校や先生と敵対関係になってしまうと、解決を余計にこじらせてしまうことがあります。親のほうから協力して解決していく姿勢を示し、賢く学校と連携していくようにしてください。

これだけは
知って
おきたい
親の
心がまえ
4

「いまどきのいじめが心配…」
SOSサインの見つけ方と
親のかかわり方を知っておきましょう

ポイント

- いじめは早期発見、早期対応がカギ。サインを見つける
- 子どもはいじめのつらさを軽めに表現してしまう
- 親だけで解決することはできない。学校と連携を

これだけは
知っておきたい
親の心がまえ
5

「子どもが憎い、きらい…」
自分の影（シャドウ）を認めてあげれば
子育てはしんどい作業では
なくなります

「子どもが憎い、きらい…」
自分の影（シャドウ）を認めてあげれば
子育てはしんどい作業ではなくなります

「母親には母性がある」は神話にすぎない

誰でも大なり小なり「このような親でありたい」といった、自分の中の「理想的な母親像、父親像」があると思います。

しかし、理想像が高くて、「良い親であらねばならない」という考えが強いほど、現実の自分がその理想像と違った場合に苦しむことになります。理想と現実の自分とのギャップに不甲斐なさを感じ、落ち込んだり、子どもに対して申し訳ない気持ち（罪悪感）を抱くことも、子育ての中では当たり前のことかもしれません。

子育ては、親としてこうありたいという理想像と、そうなれない現実のギャップに苦しむ、その連続といえます。

だから決しては楽しくてハッピーなことだけではないはずです。常に「子育てが楽しい」「子どもが可愛い」と思える親などいないのではないでしょうか。

忙しい毎日の中で、余裕がなくなり、「子どもが憎たらしい」「子どもさえいなければ」といった考えや、子どもに対する怒り、さらには殺意に近い感情を抱いたことがある人も少なくないと思います。

ただ、ほとんどの親が子どもに対するネガティブな感情を抱いたことがあるにもかかわらず、それをおおっぴらにできません。

とりわけ母親の場合は「やさしく」「子どもを無条件に受け入れる」といった母性のイメージがつきまとうため、より一層、そのイメージと反することを言うのに抵抗があるようです。

女性は生まれながらにして母性を持っており、出産とともに母性を抱くものだという誤解がまだ多くあります。この誤った考えは、「母性神話」と呼ばれます。

「神話」と呼ばれるのは、多くの人にそのように信じられているけれど、じつは違うという意味です。母性とは本能のように自然に生じるものではなく、子どもを育てていくプロセスの中で育まれていくもの。親になり、子どもとかかわっていく中で学習していくものです。

学習していくものだからこそ、得手不得手があって当然です。「やさしさ」「暖かさ」「受容」「共感」といった母性的なかかわりをうまく発揮できる人とできない人がいるのも当たり前なのです。

母親だからといって、誰もが母性を発揮できるわけではありません。それに、発揮できなくともなんとかなるものです。父親や祖父母が母性的なかかわりするなど、いくらでも子どもを取り巻く人間関係で補うことができるからです。

「母性神話」にとらわれ、「こうあるべき」という理想的な母親像が強くある場合、「子育てを楽しめない」「子どもを可愛く思えない」と感じてしまうことに対して、「母親失格だ」と意味づけてしまうかもしれません。

子どもに対してネガティブな感情を抱くことは「悪い親」「ダメな親」である証拠だと認識してしまうと、そうした感情を抱くたびに罪悪感が生じます。すると子育てはしんどい作業（仕事）になってしまいます。

誰の心にも影（シャドウ）がある

では、そもそもなぜ子どもに対してネガティブな感情が生じてしまうのでしょうか。

理由は、心には「**影（シャドウ）**」があるからです。

影とは、**心のマイナスの側面、とりわけ、こうなりたくない自分自身のこと**です。「こうありたい」「こうあるべきだ」とは逆の「こうありたくない」「こうあるべきではない」負の側面。自分自身の嫌いな面であり、存在を認めたくない感情や考えです。

心には、「善」「強さ」「清さ」「明るい」「創造」「光」といったプラスの側面だけでなく、

「悪」「弱さ」「汚さ」「暗い」「破壊」「闇」といったマイナスの側面もあります。

この心のマイナス面を総じて影と呼びます。

影にはありとあらゆるマイナス要素が含まれています。劣等感、自分の親との関係で生じた葛藤や傷つき、道徳や規律に反したいという欲望もあります。

影に含まれるこうした多くの受け入れがたい感情や考えは、心の奥底に抑圧されています。ふだんは意識せず、不快な感情を味わうこともなく生活できるのですが、**人生のさまざまな出来事や人間関係の中で、ふとしたことをきっかけに影が姿をあらわします。**

というのも、心にはプラスの側面とマイナスの側面を含んだ「全体性」を保つ働きがあり、一方だけがクローズアップされると、もう一方をその背景から出現させることでバランスをとろうとするのです。

光を強く当てれば当てるほど、背後に影が大きく広がっていくのと同じように、子どもに対するネガティブな感情があってはいけないと抑え込もうとするほど、そしてポジティブな感情ばかりをクローズアップするほど、反動としてネガティブな感情が大きく出現してしまいます。

とりわけ、子育ては、自分の内なる影を見つめざるを得ないプロセスです。自分のダメな部分、弱い部分などさまざまなマイナス面と向き合うことになり、子どもに対してネガ

心には
プラスとマイナスの両面がある

プラスの側面（あるべき自分）	マイナスの側面（ダメな自分）
善　明るい	悪　暗い　闇
創造　強さ	弱さ　破壊
清く　光	汚さ

ティブな感情を抱くこともその1つです。

また、自分の中での「未解決の課題」が、わが子が同じ年齢になったときに再燃する形で出現することもあります。

たとえば、**小学校時代にいじめにあった親は、子どもが自分と同じようにいじめにあうのではないかと過剰に心配になったり**、当時の嫌な感情がよみがえることがあります。そのため、わが子が「意地悪された」と訴えてきたとき、冷静に対応できなくなることがあります。

また、勉強ができずに叱られてばかりだったという子ども時代を過ごした親は、当時の嫌な感情がよみがえらないよう、わが子に対してしつこく勉強するよう迫ります。

子ども時代に好きなことは何もさせてもらえなかったという親は、自分のような不幸な思いはさせまいとして、いろいろな習いごとをさせようとしますが、それが逆に、子どもを不幸にしてしまっているかもしれません。

このように、子ども時代に体験したネガティブな事柄が現在の親子関係で再現され、親自身の問題としてクローズアップされてくるケースがあります。

親が「ダメな自分」を認めることから

しかし、どのような形でマイナス面が出現しようとも、自分の中の影を見つめ、否定せずに共存していくべきです。**決して影に打ち勝とうとしないことです**。影はこれまでに生きられていなかった自分であり、未開発の部分。自分の嫌な部分や弱み、恥ずべきことを認め、受け入れていくことによって、人としてさらに成熟していけるのです。「**子育ては自分育て**」といわれるのも、1つはこうした理由からです。

親自身が子育ての中で生じる「ダメな自分」や「ネガティブな感情」といったマイナス面を認め、自分の中の影を受容していけるようになると、子どもに対しても同じようなスタンスを取ることができます。

つまり、子どもが示す不安や怒り、悲しみといったネガティブな感情を認め、共感し、受け入れることができるようになるのです。

そうすることによって、子ども自身のネガティブな感情を抱える器（容量）も大きくなり、子どもが自分の弱さと向き合う力、悩む力、そして自己肯定感が育まれていきます。

どんな感情を出しても怒られない、とりわけネガティブな感清を出しても受け入れてもらえる家庭は、子どもにとって居心地が良く安心できる家庭です。

逆に、ネガティブな感情を出せない雰囲気の家庭は、本音が言えず、どことなく建前だけの会話になりがちな家族関係になってしまいます。言いたいことが遠慮なく言える、悪いことも言い合える関係の中で、相手に対する本当の「思いやり」も身につきます。

もっとも、子どもが思春期にさしかかってくると、親子間での対話は難しくなります。それは、思春期に入ると子ども自身がダメなところや弱い面など、自分の影にいろいろと気づきはじめ、不安定になるからです。

また、親の影も見えてきます。このときに、**親自身が自らの影と共存している姿を示すことが、子どもが思春期を乗り越えていく支え**にもなります。

子どもも大人も自らの影に苦しみながらも、それを受け入れていくプロセスをともに歩む者どうしとして互いを認め合う。そんな関係を親子で築けていけたらすばらしいですね。

ポイント

これだけは知っておきたい親の心がまえ

5

「子どもが憎い、きらい…」
自分の影（シャドウ）を認めてあげれば
子育てはしんどい作業ではなくなります

- 「子育てがつらい」「子どもが憎たらしい」はふつうの感情
- 心の「影」を抑え込もうとしても逆効果。受容し共存する
- 自分の影を受け入れることで、子どもの影も受け入れられるように

本書は『サクセス12』（グローバル教育出版）の連載
「子どもを伸ばす子育てのヒント」を再構成したものです。

著者紹介

的場永紋（まとば・えいもん）

1981年東京生まれ。臨床心理士。公認心理師。心のサポートオフィス所長。文教大学大学院人間科学研究科臨床心理学専攻修士課程修了。発達支援センター診療所、公立病院小児科心理相談員、東京都および埼玉県スクールカウンセラーとして活動。臨床心理学をベースにした実践的なカウンセリングは、子育て世代の親・教育関係者からの信頼も厚い。自身も子育て中の親であり、当事者目線のアドバイスが共感を集めている。

3600人の親子をカウンセリングしてわかった
心理学的に正しい子育て

二〇二三年一月一三日　初版第一刷発行

著者　的場永紋
ブックデザイン　木下 悠
イラスト　宮野耕治
編集協力　梅村隆之
編集担当　熊谷 満
発行者　木内洋育
発行所　株式会社旬報社
〒一六二-〇〇四一
東京都新宿区早稲田鶴巻町五四四　中川ビル4F
TEL　〇三-五五七九-八九七三
FAX　〇三-五五七九-八九七五
HP　https://www.junposha.com/
印刷製本　シナノ印刷株式会社

ISBN978-4-8451-1794-9